COMO TER
CORAGEM, SERENIDADE
E CONFIANÇA

Paramhansa Yogananda

COMO TER CORAGEM, SERENIDADE E CONFIANÇA

A Sabedoria de Yogananda

Tradução:
GILSON CÉSAR CARDOSO DE SOUSA

Título do original: *How to Have Courage, Calmness, and Confidence.*
Copyright © 2010 Hansa Trust.
Publicado originalmente por Crystal Clarity Publishers.
14618 Tyler Foote Road, Nevada City, California 95959; www.crystalclarity.com
Copyright da edição brasileira © 2012 Editora Pensamento-Cultrix Ltda.
Texto de acordo com as novas regras ortográficas da língua portuguesa.
1ª edição 2012.
5ª reimpressão 2021.

Todos os direitos reservados. Nenhuma parte desta obra pode ser reproduzida ou usada de qualquer forma ou por qualquer meio, eletrônico ou mecânico, inclusive fotocópias, gravações ou sistema de armazenamento em banco de dados, sem permissão por escrito, exceto nos casos de trechos curtos citados em resenhas críticas ou artigos de revistas.

A Editora Pensamento não se responsabiliza por eventuais mudanças ocorridas nos endereços convencionais ou eletrônicos citados neste livro.

Coordenação editorial: Denise de C. Rocha Delela e Roseli de S. Ferraz
Preparação de originais: Roseli de S. Ferraz
Revisão: Nilza Agua
Diagramação: Join Bureau

Dados Internacionais de Catalogação na Publicação (CIP)
(Câmara Brasileira do Livro, SP, Brasil)

Yogananda, Paramhansa, 1893-1952.
 Como ter coragem, serenidade e confiança : a sabedoria de Yogananda / Paramhansa Yogananda ; tradução Gilson César Cardoso de Sousa. – São Paulo : Pensamento, 2012.

 Título original: How to have courage, calmness, and confidence.
 ISBN 978-85-315-1805-8

 1. Atitude (Psicologia) 2. Confiança 3. Coragem 4. Desenvolvimento pessoal 5. Vida espiritual 6.Yoga I. Título.

12-10922	CDD-294.544

Índices para catálogo sistemático:
1. Sabedoria oriental : Espiritualidade Hinduísmo   294.544

Direitos de tradução para o Brasil
adquiridos com exclusividade pela
EDITORA PENSAMENTO-CULTRIX LTDA.
Rua Dr. Mário Vicente, 368 — 04270-000 — São Paulo, SP
Fone: (11) 2066-9000 — Fax: (11) 2066-9008
E-mail: atendimento@editorapensamento.com.br
http://www.editorapensamento.com.br
que se reserva a propriedade literária desta tradução.
Foi feito o depósito legal.

Sumário

Nota do Editor   7

1. Coragem: uma qualidade inata da alma   11
2. Serenidade: a fonte do poder   23
3. Confiança: você é filho do Infinito   37
4. Purifique a mente da preocupação, do medo e do nervosismo   51
5. Como erradicar outras emoções negativas   73
6. Afirmações científicas de cura para a força interior   83
7. Meditação para sintonia com a sublimidade interior   111
8. Sua natureza divina onipotente   129

Ananda Sangha   147

Nota do Editor

Prezado Leitor,
Com este manual, você reivindicará o poder mais elevado que existe em seu íntimo. Leia-o atentamente, absorva a força das palavras do Mestre, pratique suas sugestões simples e sentirá uma energia nova invadindo-o, dando-lhe a capacidade de enfrentar qualquer desafio com alegre confiança, serenidade e coragem.

Paramhansa Yogananda chegou aos Estados Unidos, vindo da Índia, em 1920 e trouxe para o Ocidente as lições e técnicas do yoga, a antiga ciência do despertar da alma. Foi o primeiro mestre de yoga a estabelecer-se no Ocidente e sua *Autobiografia de um Yogue* tornou-se a autobiografia mais lida de todos os tempos, revelando aos ocidentais seu potencial anímico oculto.

O yoga é a antiga ciência que redireciona as energias da pessoa para seu mundo interior a fim de promover o despertar espiritual. Além de transmitir aos americanos as técnicas de meditação mais práticas e eficientes, Yogananda mostrou-lhes como esses princípios podem ser aplicados a todas as esferas da vida.

Os artigos incluídos neste livro provêm de diversas fontes: lições que Yogananda redigiu nos anos 1920 e 1930, artigos publicados nas revistas *Inner Culture* e *East West* antes de 1943, e o livreto *Scientific Healing Affirmations*, de 1924. Boa parte do que aqui foi incluído não se acha em outras publicações.

COMO TER
CORAGEM, SERENIDADE
E CONFIANÇA

CAPÍTULO 1

Coragem: uma qualidade inata da alma

Sucesso, saúde e sabedoria são atributos naturais da alma. A identificação com pensamentos e hábitos debilitantes, bem como a falta de concentração, perseverança e coragem, são responsáveis pelas tribulações devidas à pobreza, à má saúde etc.

Você paralisa sua faculdade de buscar o sucesso com pensamentos de medo. O sucesso e a perfeição tanto da mente quanto do corpo são qualidades inerentes ao homem porque ele foi feito à imagem e semelhança de Deus. Para reivindicar esse direito de nascença, porém, devemos primeiro nos livrar da ilusão de nossas próprias limitações.

Deus possui tudo. Saiba, pois, em qualquer situação, que como filho de Deus você possui tudo que pertence ao Pai. Sinta-se sempre contente e satisfeito sabendo que tem acesso a todas as posses do Pai. Seu quinhão natural é a perfeição e a prosperidade, mas você prefere ser imperfeito e pobre. A consciência de possuir tudo deve ser um hábito mental de cada pessoa.

୧୨

Um novo dia é uma oportunidade nova, para o ego humano, de empreender mais e mais ações heroicas. Enfrente cada pessoa e cada circunstância no campo de batalha da vida com a coragem do herói e o sorriso do conquistador. O que quer que se atravesse em seu caminho ou exija sua atenção tem de ser considerado um dever. O dever não é imposto ao homem por um poder superior. Ele é o impulso da vida rumo ao progresso. Negligenciar o dever é fonte de males que podem ser evitados pela sabedoria.

Não se relacione com pessoas que se queixam o tempo todo da vida. Essas pessoas podem arruinar sua espiritualidade recém-desperta, que lembra uma plantinha tenra crescendo dentro de você. Evite-as e tente ser sempre feliz, não importam as circunstâncias. Deus não se revela a ninguém que não esteja feliz e contente.

⊗

O verdadeiro devoto ignora a fraqueza. Resolutamente, organiza uma caravana mental de qualidades nobres, escolhendo para a liderança a Força de Vontade e a Devoção, e põe-se a caminho. Sabe, com fé inabalável, que se banir do coração todos os resquícios de desejo acabará por conquistar a liberdade. Viaja para a frente, sempre para a frente, acumulando realizações ao longo da jornada, mas nunca se permitindo ficar preso a qualquer uma delas. Ele só descansa depois de atingir sua meta. Esse é o verdadeiro devoto!

⊗

A mudança – mesmo para melhor – é muitas vezes encarada com desconfiança. "Se eu renunciar a tudo", costumam pensar as pessoas, "não acabarei ficando sem nada?" É preciso coragem para trocar o conhecido pelo desconhecido. Não é fácil sequer substituir uma dor conhecida por uma felicidade desconhecida e, portanto, incerta. A mente é como o cavalo que puxou durante anos sua carroça de entrega: acostumou-se ao trajeto diário e não pode ser convencido com facilidade a mudar de rumo. A mente também não renuncia sem mais nem menos a seus velhos hábitos, mesmo sabendo que eles só lhe causam sofrimento. Mudanças benéficas devem ser recebidas com coragem. Se as esperanças de coisas melhores forem anuladas pelo medo de sua obtenção, a mente jamais ficará em paz. Aceite, pois, a mudança como a única constante da vida. Nossa vida é um cortejo infindável de ganhos e perdas, alegrias e tristezas, sonhos e desilusões. Num momento, sentimo-nos ameaçados pela tempestade dos infortúnios; um momento depois, uma faixa prateada ilumina as nuvens escuras; e logo, como num passe de mágica, os céus se tornam novamente azuis.

૭૪ૈ

Aquele que busca com sinceridade, na prática, ao contrário daquele que "busca" na poltrona e desperdiça a vida ruminando teorias intelectuais, entusiasma-se ao pensar na dura tarefa que tem pela frente. O guerreiro autêntico, mesmo que sinta medo, atira-se corajosamente à batalha quando a força do braço se torna necessária. O alpinista de verdade, embora apreensivo diante da encosta íngreme que deverá escalar, prepara-se resolutamente para conquistá-la. E o homem sincero na busca da verdade diz a si mesmo: "Sei que alcançar a perfeição é uma tarefa árdua, mas farei de tudo para alcançá-la. Com a ajuda de Deus, o sucesso será meu!" Meditando incansavelmente dia após dia, ele finalmente toma consciência do corpo e recupera a percepção da divina bênção interior, que há muito perdera.

Ânimo, devoto! Não importa quão árido, duro e ressequido tenha se tornado o solo de seu coração durante os anos de fome da indulgência sensual, do fracasso e do desapontamento, ele pode ser regado e fertilizado novamente pelas águas vivificantes da comunhão interior. Seu entusiasmo espiritual, há muito arrefecido, pode ganhar vida nova. Basta que você beba de novo o vinho antigo da comunhão com Deus. No campo do empreendimento espiritual fervoroso, lance novamente à terra macia das percepções renovadas da alma as sementes do sucesso espiritual e veja-as transformar-se numa seara de alegrias divinas.

Em vez de se sentir vencido e desencorajado diante daquilo que supõe ser uma tribulação, agradeça a Deus a oportunidade de descobrir o que precisa aprender, e de juntar forças e sabedoria para enfrentar o desafio.

⊙

A melhor maneira de se haver com o karma é encarar os desafios da vida com jovialidade e coragem. Se você teme alguma coisa, esse karma ainda não foi resolvido. Para eliminá-lo, não tente fugir às provações que precisa enfrentar. Alce-se acima delas bravamente, apegando-se à alegria divina interior.

⊙

A todo momento você tem a coragem, força e inteligência necessárias para superar qualquer dificuldade ilusória. Mantenha-se sereno, física e mentalmente. Instale-se em seu centro de equilíbrio interior e, ali, comunique-se com o Pai. Ele lhe apontará o caminho.

⊙

Afirmações para Coragem

Buscarei a segurança, o tempo todo, na constante reflexão sobre a paz de Deus.

Ocultarei o medo da doença, da tristeza e da ignorância, na face silenciosa da alma, com o véu da paz da Mãe Divina.

Estou protegido pelo baluarte da minha consciência limpa. Incinerei a escuridão do meu passado. Interesso-me apenas pelo dia de hoje.

Todo problema tem sua solução. Trago, dentro de mim, inteligência e sabedoria para encontrar essa solução, e coragem e energia para pô-la em prática.

Deus está dentro e ao redor de mim, protegendo-me. Por isso, expulso as trevas do medo que bloqueia Sua luz orientadora e me faz tropeçar nas valas do erro.

꩜

O medo oculto gera tensão e ansiedade, levando-nos por fim ao colapso. Precisamos ter fé em nossa capacidade e esperança no triunfo de uma causa justa. Se não possuímos esses dons, devemos criá-los em nossa própria mente por meio da concentração. Isso se pode conseguir com uma prática constante e determinada.

Em primeiro lugar, convém identificarmos nossos defeitos. Se, por exemplo, temos pouca força de vontade, meditemos sobre isso e, por meio de um esforço consciente, criemos essa força dentro de nós.

Se quisermos nos libertar do medo, deveremos refletir sobre a coragem porque assim, no devido tempo, ficaremos livres dessa servidão. Graças à concentração e à meditação, tornamo-nos mais fortes e mais atentos. A prática contínua nos capacitará a focalizar nossa energia num único problema ou numa única responsabilidade, sem grande esforço. Isso logo se tornará, para nós, uma segunda natureza. Dotados dessa nova qualidade, venceremos os desafios da vida, tanto materiais quanto espirituais.

ೞ

A tristeza não tem existência concreta. Se você afirmá-la o tempo todo, ela existirá; se negá-la em sua mente, ela deixará de existir. É a isso que chamo "o herói no homem": sua natureza divina ou essencial. Para se livrar da tristeza, o homem precisa impor seu Eu heroico às atividades diárias.

A raiz da tristeza é a carência de heroísmo e coragem no homem normal. Quando o elemento heroico falta no quadro mental de uma pessoa, sua mente fica sujeita a todas as aflições que aparecem. A vitória mental traz felicidade à vida; a derrota mental só lhe traz sofrimento. Enquanto o vencedor estiver desperto no homem, nenhum desgosto poderá mergulhar nas sombras os umbrais de seu coração.

Lágrimas e suspiros no campo de batalha da vida são a covardia, em estado puro, de uma mente fraca. Quem renuncia à luta se torna prisioneiro dentro das muralhas de sua própria ignorância. A vida não passa de uma perpétua superação de problemas. Todo problema que aguarda solução de sua parte é um dever religioso que a vida lhe impôs.

Não há vida sem problemas. No fundo, as condições não são boas nem más: são simplesmente neutras e só parecem desalentadoras ou estimulantes por causa da atitude desiludida ou entusiástica da mente.

Quando a pessoa desce abaixo do nível das circunstâncias, cede à influência dos tempos ruins, da má sorte e da tristeza. Quando paira acima das circunstâncias valendo-se da coragem interior, todas as condições da vida, não importa quão sombrias e ameaçadoras sejam, parecem o manto de névoa que se dilui aos primeiros calores do sol. Os aborrecimentos do homem normal não são inerentes às condições da vida. Eles nascem da fraqueza da mente humana. Conclame o vencedor que há em você, desperte o herói que dorme em seu interior e pronto: nenhuma tristeza obscurecerá sua porta!

CAPÍTULO 2

Serenidade: a fonte do poder

Toda pessoa tem uma alma e um corpo. Iludido, identifica a alma com o corpo e, portanto, com todas as condições físicas. O corpo pode ser ferido, mudado e destruído; tem seus limites e não dura muito. Assim, a pessoa identificada com o corpo se julga vulnerável. A alma, porém, de modo algum pode ser ferida, mudada ou destruída. A alma, feita à imagem do Espírito, é serena, eterna e imperturbável.

Em virtude dos desejos mundanos, a pessoa se identifica mais e mais com a debilidade do corpo, sempre temerosa da morte e das limitações. Se dirigir sua atenção para longe das barreiras corpóreas, causadoras da infelicidade, e meditar até a ilusão desaparecer, a alma se descobrirá imorredoura, abrigada na fortaleza da onipresença: inconquistável, imune aos efeitos da mudança vibratória enganadora. Toda pessoa deve lembrar-se de que é imortal, inacessível à mudança ou à extinção mesmo quando seu corpo parece afetado pela doença, pelos acidentes ou pela morte.

Concentrando-se na alma, a pessoa sufoca os desejos passageiros e encontra a liberdade perene.

Não importa quanto haja meditado, se ainda teme as doenças e a morte física, por não ter reconhecido a imortalidade da alma, você evoluiu muito pouco e não conquistou quase nada. Precisará meditar mais profundamente até estabelecer uma comunhão extática com Deus e ir além das limitações do corpo. Durante a meditação, procure *reconhecer* que você está muito acima de quaisquer mudanças corporais – você é informe, onipresente, onisciente.

ೀೀ

Vida é mudança. Permaneça sempre tranquilo interiormente. Permaneça sempre equilibrado. Ao trabalhar, mostre-se serenamente ativo. Um dia, vai descobrir que já não está mais sujeito às marés do Destino. Sua força brotará de dentro;

não dependerá de nenhum tipo de incentivo externo para se motivar. Como devoto do caminho espiritual, dê pouco valor às provações que encontra pela frente. Mantenha a calma. Avance com coragem. Progrida dia após dia com fé serena. Logo deixará para trás as últimas sombras de um mau karma, todas as provações e dificuldades, vislumbrando finalmente a aurora da plenitude divina. Nesse estado de consciência superior, a liberdade surgirá das derradeiras brumas do infortúnio.

Hoje – agora mesmo! – inicie a jornada rumo a essa terra prometida. Ela parece distante, mas está bem próxima: é o inabalável estado de realização absoluta em Deus. Apresse-se, devoto!

ல

Faça seu papel trágico ou cômico no teatro da vida com um sorriso interior.

Você é imortal, dotado de alegria imperecível. Nunca esqueça isso ao enfrentar as mudanças da existência terrena. Este mundo é um palco no qual você desempenha seus papéis sob a direção do Divino Encenador. Desempenhe-os bem, sejam eles engraçados ou patéticos, lembrando-se sempre de que sua natureza real é, pura e simplesmente, a bênção eterna. A única coisa que jamais o abandonará é a alegria de sua alma.

Aprenda, pois, a nadar nas águas serenas da bênção imutável antes de mergulhar no sorvedouro da existência material, que é o reino da tribulação, dos prazeres grosseiros, da indiferença, da paz fugidia e ilusória. A prática sincera da meditação traz a bênção profunda. Procure manifestar sempre essa serenidade.

ତୃତ

Como obter equilíbrio? Se é difícil ganhar dinheiro, obter equilíbrio é mais difícil ainda. Desenhe um triângulo e num dos lados escreva "DOÇURA", no outro "SERENIDADE" e no terceiro "FELICIDADE".

Temos duas naturezas: a pública e a privada. A privada aparece quando relaxamos e nos permitimos expressar a fealdade. Vestimo-nos para sair, mas por dentro continuamos vítimas das paixões. Em casa, dizemos: "Estou furioso"; na rua, fingimos: "Oi, como *vai* você?"

Precisamos ter unidade de mente, fala e corpo. Seja calmo na comunicação e na mente. Conquiste a serenidade; alcance a paz, a felicidade, o equilíbrio.

Todas as noites, antes de deitar-se, diga a si mesmo: "Sou o Príncipe da Paz assentado no trono do Equilíbrio." O equilíbrio é o seu centro. Não importa que aja com rapidez ou lentidão: jamais perderá o porte majestoso da paz.

ৎ⁊

Muitas pessoas conhecem o caminho para a paz e a felicidade duradoura, mas hesitam em segui-lo. Ouvem lições e logo as esquecem. Mas você deve pôr em prática seu aprendizado espiritual. Viva uma vida devota e todos quantos cruzarem seu caminho serão beneficiados unicamente por seu contato. Se quiser viver em paz e harmonia, abrace a calma e a paz divinas, emitindo apenas pensamentos de amor e boa vontade.

ৎ⁊

Conserva a serenidade em face do prazer ou da dor, do ganho ou da perda, da vitória ou da derrota. Assim, não pecarás.

Bhagavad Gita, capítulo 2, estrofe 38

Essa estrofe pode ser interpretada da seguinte maneira, a fim de propiciar orientação ao homem comum, ao indivíduo moral e ao aspirante à espiritualidade: Quem quer que busque a prosperidade nos negócios deve manter sua mente imune às perdas e ganhos materiais repentinos. O empresário que resiste à vaidade do sucesso descobre que sua concentração não se desvia do caminho de um sucesso ainda maior. Já o empresário que fica deprimido por causa de um fracasso comercial perde a concentração e torna-se incapaz de renovar esforços para vencer novamente.

Todo homem que busca o sucesso tem de manter a mente calma para enfrentar as circunstâncias em perpétua mudança de sua vida. Ele tem de ser capaz de, como um trator, movimentar-se facilmente pelos altos e baixos do terreno da existência.

O aspirante moral não deve se envaidecer demais quando vence uma tentação forte nem desanimar quando se vê de súbito prisioneiro de uma tentação. O indivíduo moral resoluto e sereno avança com firmeza até alcançar seu objetivo, que é o completo autodomínio. A alegria por um êxito passageiro ou a depressão por um fracasso temporário, se prematuras, podem obstruir o caminho do progresso moral – e isso não devemos permitir.

Finalmente, quando adquire a divina alegria após alguns anos de meditação profunda, o devoto espiritual não deve confiar demais na perenidade dessa experiência, não antes de atingir a beatitude final. Muitos devotos exultam com a alegria supraconsciente da alma e por contemplar umas poucas luzes astrais. Não se empenham mais a fundo na meditação e, assim, deixam de unir sua consciência ao júbilo onipresente e à luz do Espírito.

O devoto que medita regularmente, mas se descobre vítima de uma súbita explosão de inquietude subconsciente, não deve se sentir desencorajado nem deixar de renovar esforços para se aprofundar na meditação e fazer contato com Deus. Ainda não ancorado no Infinito, ele tem de conduzir galhardamente seu navio mental da concentração pelas águas calmas ou turbulentas das experiências interiores até lançar ferros no porto da eterna comunhão com o Infinito.

O yogue cuja mente é como um lago sem encrespamentos, livre das ondas do entusiasmo mental passageiro, da tristeza e da perturbação emocional – devida à perda ou ao ganho, à vitória ou ao fracasso –, encontra dentro de si mesmo o reflexo claro e homogêneo do Espírito.

Uma calma imperturbável pode ser conquistada pela meditação cada vez mais profunda. Essa calma constante acaba por se transformar numa luz que tudo penetra e que, atravessando a matéria, chega ao âmago do Espírito onipresente. O aspirante a yogue precisa manter a mente fixa na percepção interior adquirida pela meditação, não permitindo que ela seja perturbada pelos abalos temporários da alegria supraconsciente ou pelas explosões passageiras da inquietude subconsciente. Esse yogue faz, de seu altar de calma imutável, o local de descanso do Espírito jovial e sempre novo.

⊙⊙

Lembre-se de que Ele está sempre ao seu lado, orientando-o e encorajando-o. Aprenda a ouvir interiormente, ao longo do dia, essa Voz inspiradora.

Não importa o que esteja fazendo, se o trabalho parecer cansativo, confuso ou impossível, apenas diga a si mesmo: "Pai, este trabalho é Vosso. De boa vontade me prontifico a servir-Vos." Imediatamente a tensão desaparecerá e a tarefa parecerá mais fácil.

⊙⊙

A serenidade é mais dinâmica e mais poderosa que a paz. A serenidade dá ao devoto a força necessária para superar todos os obstáculos em sua vida. Mesmo nos negócios humanos, a pessoa que consegue permanecer serena em todas as circunstâncias é simplesmente invencível.

Afirmações para Serenidade

Sempre que minha mente está agitada, inquieta ou perturbada, recolho-me ao silêncio, à reflexão e à concentração até que a serenidade seja restaurada.

A luz de Cristo brilha em mim e, por isso, minha mente é clara. Ordem e harmonia reinam em todos os meus negócios.

A felicidade, o tirocínio, a alegria da expressão criativa, a paz e o equilíbrio perfeitos só serão meus quando eu concentrar todas as minhas forças e talentos na realização da vontade do Pai.

Não permita que sua mente seja seduzida pela inquietude, pela leviandade, pelo excesso de distrações etc. Seja profundo. Tão logo você sucumbe à inquietude, os antigos problemas começam a exercer pressão de novo sobre sua mente: sexo, bebida e dinheiro.

Sem dúvida, ocasionalmente, um pouco de diversão e bom humor não faz mal a ninguém. Eu mesmo gosto de rir às vezes, como todos sabem. Mas, quando decido ficar sério, nada nem ninguém conseguem arrancar-me das profundezas do meu Eu.

Seja profundo em tudo o que fizer. Mesmo rindo, não perca a serenidade interior. Seja alegre por dentro, mas com um certo comedimento. Concentre-se na alegria interior.

Não se afaste nunca do Eu. Saia um pouco quando tiver de comer, conversar ou trabalhar; mas volte logo a ele.

Seja serenamente ativo e ativamente sereno. É assim que age o yogue.

౸෨

O desejo e a cólera são os dois maiores obstáculos à sabedoria. Destroem a paz mental das pessoas e obstruem o fluxo de sua compreensão. Quando a cólera nos domina, talvez pensemos: "Ah, mas isto é maravilhoso!" E, vítimas do descontrole, podemos fazer coisas horríveis, que nos custarão muito caro. O desejo, repetimos, confunde a mente. O desejo frustrado é a causa da cólera. Procure permanecer sempre calmo e desprendido interiormente. Aceite sem se perturbar aquilo que acontecer. Eu digo sempre: "O que tiver de vir, que venha." Isso é verdadeiro tanto para as coisas ruins quanto para as boas. Só a serenidade lhe dará o senso da proporção correta. Ela o inspirará a comportar-se com um bom senso inalterável.

༄

Há alguns anos, um homem que sofria de uma doença nervosa crônica do coração veio até mim em busca de cura. Disse: "Tentei de tudo, mas não consigo me livrar desse problema."

Depois de uma reflexão calma e intuitiva, pedi-lhe que me trouxesse uma tesoura. Perplexo e desconfiado, ele me olhou fixamente, protestando: "O senhor vai operar meu coração?!" Ri e repliquei: "Não sou médico e você nunca ouviu falar de cirurgias cardíacas realizadas com tesouras."

Ele então trouxe a tesoura, relutantemente. Cortei um dos botões de seu casaco e recomendei-lhe que não o substituísse nem tocasse o local onde o botão estivera. Pedi-lhe para voltar depois de quinze dias e garanti-lhe que então já estaria curado.

O homem exclamou, rindo: "Vou fazer isso, pois acredito no senhor. Mas, de todas as curas malucas, esta é sem dúvida a número um."

Depois de quinze dias ele voltou, gritando alegremente: "Os especialistas afirmam que estou curado da doença nervosa. Mas o que o senhor fez? Exorcizou algum fantasma do botão?"

Respondi, com um sorriso: "Sim, exorcizei! Seus dedos estavam sempre mexendo no botão junto ao lado esquerdo do peito. Esse botão era o 'fantasma' que mergulhava seu coração numa crise nervosa. O órgão, uma vez livre do objeto que o perturbava, deixou de incomodá-lo."

CAPÍTULO 3

Confiança: você é filho do Infinito

A Consciência Espiritual Criativa mora na alma do homem, que com ela pode fazer o que quiser, pois foi criado à imagem e semelhança de Deus, ou seja, com poderes ilimitados. O homem é senhor de seu destino quando aceita e usa essa força dada por Deus. A única limitação é a que ele próprio se impõe com seus pensamentos. "Pensamentos são coisas": eis um fato psicológico muito conhecido. A frase em Provérbios: "Aquilo que um homem pensa em seu coração, isso ele é", constitui uma verdade que já revolucionou e transformou a vida de milhares de pessoas.

Cultive a consciência de que o Espírito Divino é seu próprio Pai e dono do universo inteiro com toda a abundância nele contida. Você, como Seu filho bem-amado, tem o direito absoluto de possuir tudo, como Ele mesmo possui. Jamais ore pedindo seja lá o que for, mas apegue-se ao pensamento de que tudo já é seu, bastando-lhe apossar-se de qualquer coisa com a confiança infinita e natural de um filho de Deus.

Não seja um pedinte! Conscientize-se de uma vez por todas de que é o filho do Imperador do Universo.

ര∕ე

Deus atende a todas as preces. Às preces impacientes, porém, só atende de vez em quando. Se você promete a alguém algo que não pode dar, não será esse um gesto vazio? Da mesma forma, se você ora a Deus sem controlar os próprios pensamentos, a oração não terá força alguma. Pensamentos e sentimentos têm de estar concatenados quando você reza. Do contrário, Deus replicará à sua pequena artimanha com outra! Ministrará suas respostas em doses homeopáticas. Muitas vezes, a prece lembra mais os resmungos tímidos de um mendigo do que o pedido confiante e amoroso de um amigo.

Assim como a criança vive alegre e segura sob a proteção dos pais, assim o devoto, tornando-se um filho divino, perde todo o medo e passa a depender completamente do amparo total de Deus.

Ao contrário, a pessoa que não cultiva as qualidades infantis latentes na alma vive torturada pelo eu: timidez, preocupações, medos e apegos, que mergulham sua paz num oceano de sofrimento.

Diante de nosso Pai Celestial, devemos ser como criancinhas. Ele gosta disso. Não nos pede definições teológicas cuidadosamente urdidas nem preces cinzeladas à perfeição para não ofender Seus ouvidos imperiais. Ele só quer que O amemos com toda a simplicidade, com um amor de crianças.

Se você fracassa repetidamente, não desanime. Os fracassos devem servir de remédio, não de veneno, para seu desenvolvimento material ou espiritual. O período de fracasso é a melhor ocasião para lançar as sementes do sucesso.

Cada novo esforço após um fracasso precisa ser bem planejado e imbuído de um grau de atenção cada vez mais intensa. Quando um mau hábito o incomodar, faça duas coisas: negativamente, procure evitá-lo, bem como a qualquer coisa que o provoque ou estimule, sem se concentrar nele na ânsia de eliminá-lo; positivamente, desvie a atenção para um hábito sadio e cultive-o com empenho, até que ele se torne parte de você.
Quanto mais você se aperfeiçoa, mais beneficia aqueles que estão à sua volta.

ෞ

Os elogios não o tornam melhor e as censuras não o tornam pior do que é. Por que, então, lhes dar ouvidos? Não ligue quando as pessoas o elogiarem, mas policie-se cuidadosamente quando o censurarem. Se estiver em erro, livre-se dele rapidamente; mas, se não tiver culpa nenhuma, ria e esqueça o assunto. A verdade falará por você.

ෞ

Afirmações para Confiança

Assim como o padrão ideal para um carvalho está inserido na bolota, assim o padrão ideal para minha vida existe em mim desde o princípio. Devo me esforçar para que esse projeto perfeito se manifeste sem obstáculos.

Trago dentro de mim a força e a inteligência de que preciso para enfrentar todos os problemas do cotidiano. Devo viver hoje com fé absoluta, invocando essa força sempre que necessário.

Não porei entraves a meus pensamentos. Eu sou Vida, Inteligência, Saúde, Alegria, Paz e Força. Eis a verdade essencial do meu Ser e devo fazer de tudo para expressar completamente essas qualidades.

Transformarei todas as condições, boas ou más, em ferramentas de sucesso. Perante uma alma vencedora, mesmo os perigos se tornam bênçãos de Deus.

O esplendor da prosperidade de Deus acaba de atravessar o céu escuro das minhas limitações. Sou Seu filho. O que Ele tem, eu tenho.

Reconheço que o poder de Deus é ilimitado e, como fui feito à Sua imagem e semelhança, também eu posso superar todos os obstáculos.

Sei que toda dificuldade aparente é apenas um chamado para eu liberar o poder que já possuo. Ao expressar esse poder, torno-me mais forte e mais sábio.

Como Deus, ou o Bem, está em toda parte o tempo todo, meu bem está sempre comigo, esperando que eu o invoque para se manifestar. Devo me conduzir com fé absoluta no poder do Bem onipresente: ele me trará aquilo de que preciso na hora em que precisar.

ତ୍ୟଠ

Saia do quarto fechado da estagnação e da estreiteza mental. Aspire o ar fresco dos pensamentos e visões revigorantes dos outros. Receba nutrição mental de mentes material e espiritualmente evoluídas. Regale-se irrestritamente com ideias criativas suas e alheias. Empreenda longas caminhadas mentais pelas veredas da autoconfiança. Expire os pensamentos venenosos do desânimo, do descontentamento e da desesperança. Inspire o oxigênio fresco do sucesso e saiba que está progredindo com a ajuda de Deus. Isso recarregará as baterias da sua alma. Experimentando com plena consciência a bênção de Deus por meio da meditação, você conseguirá destruir conscientemente a estagnação mental e adquirir cada vez mais saúde e sabedoria espiritual.

Elimine todos os venenos mentais e partilhe o alimento divino da determinação, coragem, esforço mental contínuo e concentração. Você aprenderá a superar, com facilidade, os problemas mais difíceis.

ೞಡ

Muitas são as avenidas pelas quais influências externas invadem a mente e montam o ambiente interior. Não permita que materiais insalubres flutuem nas águas dos pensamentos formadores de hábitos. Inspecione a qualidade dos livros que lê e analise cuidadosamente o tipo de pessoas com quem convive. Procure identificar que influências exercem sobre você a família, o lugar e os amigos. Muitas pessoas fracassam porque familiares infectaram seu subconsciente com pensamentos desalentadores e paralisantes como: "Ah, João, tente o que quiser, mas você só fará asneiras!"

Liberte-se. Acorde! Lembre-se: ninguém pode comprometer sua felicidade a menos que você mesmo escolha ser infeliz. Se você organizou sua mente para preservar a felicidade interior sob quaisquer circunstâncias, ninguém conseguirá roubar-lhe essa felicidade.

Afirme: não importa quais sejam as condições em que me encontre, elas representam o próximo passo em minha evolução. Acolho todos os desafios, ainda os mais temíveis, pois sei que dentro de mim estão a inteligência para compreendê-los e a força para superá-los. Quero aprender a lição que cada experiência possa me ensinar, agradecendo a energia e o tirocínio adquiridos pela superação de cada desafio.

ೞ

Escrito em 1934:
Agora que todos só gritam "Depressão!", é hora de deprimir a depressão. Mesmo que você esteja desempregado, não fique deprimido, para seu próprio bem e o bem geral. Se você ficar sentado em casa lamentando a depressão, cometerá uma injustiça contra si próprio paralisando a mente com a tristeza, em vez de mantê-la

ocupada com o pensamento criativo que pode lhe apontar uma saída para suas dificuldades.

Posso perdoar o homem fisicamente indolente caso seu corpo esteja fraco ou precise de repouso; mas não consigo perdoar com tanta facilidade o homem interiormente fossilizado, preguiçoso demais para pensar. Pessoas assim temem exercitar seu cérebro com medo dos resultados! Cometem uma injustiça para com suas próprias forças evolutivas mantendo o cérebro paralisado pelo temor. Em vez de choramingar, mantenha sua mente ocupada com pensamentos enérgicos, infatigáveis, para encontrar uma maneira de conseguir emprego. Pressione o mundo dos negócios de sua cidade com a propaganda incessante de si mesmo, de seu talento criativo e de sua capacidade de trabalho a ponto de os empresários se sentirem felizes por lhe dar um emprego, quando menos para que você não os atormente mais! Então, já empregado, mostre aos patrões que você é indispensável na firma, podendo fazer por ela o que ninguém mais faria.

As trevas fogem da luz. Se você gritar constantemente "Abundância!", expulsará o pensamento de depressão. Se estiver sofrendo materialmente, não agrave o sofrimento aceitando mentalmente a derrota. Ilumine a esperança de seus familiares e amigos com a chama da coragem, força de vontade e pensamento criativo.

Lembre-se de que a autoconfiança e a consciência da prosperidade se espalham mais depressa do que a doença ou a depressão. Assim como o sol ilumina rapidamente metade do globo de uma vez, assim a força da alegria e da consciência de prosperidade pode se disseminar velozmente pelos territórios sombrios de sua própria consciência e da consciência de seus familiares, de seus amigos, de seu país e do mundo inteiro.

☙❧

Se você tem algum complexo de inferioridade, não se esqueça de que o sucesso, a saúde e a sabedoria são seu direito inato. Toda dificuldade se deve à fraqueza, que tem origem numa série de fatores. Ela pode ser superada com determinação, coragem, bom senso, fé em Deus e no próprio valor.

Portanto, se você estiver firmemente convencido de que é um fracasso, modifique sem demora sua atitude mental. Seja inabalável na convicção de que possui todas as potencialidades para o sucesso completo.

Não importam quais tenham sido as suas provações ou quão desanimado se sinta, caso faça um esforço constante para melhorar, descobrirá que, criado à imagem e semelhança de Deus, dispõe de um poder sem limites e muito mais considerável que as piores tribulações enfrentadas. Diga a si mesmo, mentalmente, que vencerá, empreendendo esforços incansáveis para vencer – pois assim, seguramente, será um vitorioso.

Lembre-se de que as dificuldades passadas não surgiram para esmagá-lo e sim para fortalecer em você a decisão de usar seus ilimitados poderes divinos na busca do sucesso. Deus quer que você supere os desafios difíceis da vida e volte à Sua morada de sabedoria.

CAPÍTULO 4

Purifique a mente da preocupação, do medo e do nervosismo

As preocupações são, frequentemente, o resultado da ânsia de fazer muita coisa com excessiva rapidez. Não "engula" seus deveres mentais, procure mastigá-los bem, um de cada vez, com os dentes da atenção, dissolvendo--os na saliva do reto julgamento. Assim, não terá uma indigestão de preocupações.

Não nutra sua mente com os venenos mentais das preocupações. Aprenda a remover as causas dessas preocupações sem permitir que elas o atormentem.

Se você sofre de "má saúde" mental, faça um jejum mental. Um jejum mental sadio limpará sua mente e a purificará das toxinas mentais acumuladas em consequência de uma dieta mental descuidada.

Faça jejuns de preocupações. Três vezes por dia, livre-se delas. Às 7 horas da manhã, diga a si mesmo: "Todas as minhas angústias noturnas se foram e, das 7 às 8 horas, não me permitirei ficar inquieto ainda que as piores tribulações me aguardem. Estou fazendo jejum de preocupações." Do meio-dia às 13 horas, diga: "Sinto-me contente, não vou me aborrecer." À noite, entre as 18 e as 21 horas, em companhia de seu cônjuge, parentes ou amigos de convívio difícil, tome esta firme resolução mental: "Pelas próximas três horas, não terei preocupações. Não ficarei irritado, mesmo que me provoquem. Por mais tentador que seja ceder ao aborrecimento, resistirei à tentação. Não sabotarei minha paz interior com explosões de inquietude. Não me permitirei ficar preocupado: estou em jejum de preocupações."

Depois de conseguir fazer jejuns de preocupações durante algumas horas por dia, tente fazê-los por uma ou duas semanas de cada vez. Em seguida, procure evitar inteiramente o acúmulo de preocupações tóxicas em seu sistema.

Sempre que se sentir à mercê de uma preocupação qualquer, faça um jejum parcial ou total por um dia ou uma semana. E, quando decidir mentalmente não mais se preocupar, apegue-se a essa decisão. Você poderá resolver com calma os problemas mais difíceis, apelando para o melhor de seus esforços enquanto se recusa terminantemente a aborrecer-se. Diga a si mesmo: "Estou satisfeito, feliz por dar o melhor de mim no esforço de resolver meu problema; não há razão alguma para me preocupar." Quando você fizer um jejum de preocupações, beba copiosamente das frescas águas da paz que brotam da fonte de cada circunstância, vitalizadas por sua determinação de alegrar-se. Se você decidiu ser alegre, nada poderá entristecê-lo. Se resolveu não destruir sua paz interior preocupando-se com circunstâncias infelizes, ninguém conseguirá demovê-lo.

Preocupe-se unicamente com a prática incansável das boas ações, não com seus resultados. Deixe os resultados por conta de Deus, dizendo: "Fiz o melhor que podia nas circunstâncias; portanto, estou satisfeito."

O jejum de preocupações é o método negativo para curar o envenenamento que elas provocam. Mas há também o método positivo: a pessoa infectada pelos germes da preocupação deve conviver comedidamente, mas regularmente, com mentes joviais. Todos os dias, ela deve procurar a companhia – mesmo que por pouco tempo – de mentes "infectadas pela jovialidade". Há pessoas cujo riso é uma canção que ninguém consegue calar. Procure-as e confraternize-se com elas nesse revigorante banquete de alegria. Persista em sua dieta de risos e, ao final de um mês ou dois, notará a mudança: sua mente estará repleta de luz.

ೞ

A mente deve manifestar serenidade. Frente aos aborrecimentos e provações do cotidiano, ela precisa ser como a água, que não retém nenhuma impressão das ondas em sua superfície.

Isso não é uma desculpa para a negligência nos negócios: ela tem de ser evitada tanto quanto a preocupação desnecessária que brota de um senso exagerado de responsabilidade. Lembre-se sempre de que, sem saúde, paz e felicidade, o sucesso material terá pouquíssimo valor para você. Que vantagem levará se ficar seriamente doente por causa de preocupações?

Portanto, livre-se delas. Mergulhe no silêncio absoluto todas as manhãs e todas as noites, calando os pensamentos durante vários minutos a cada vez. Em seguida, visualize algum incidente agradável em sua vida, fruindo mentalmente essa experiência até esquecer por completo as tribulações.

A descontração mental é a capacidade de desviar a atenção voluntariamente das preocupações com os problemas de ontem e de hoje, das responsabilidades constantes, do medo de acidentes, dos pensamentos aflitivos e dos apegos. O pleno domínio da descontração mental vem com a prática infatigável. Nós o alcançamos calando voluntariamente todos os pensamentos e mantendo a atenção fixa na paz e na alegria interiores.

ഖ

O medo é um veneno mental, mas pode também ser usado como antídoto: um estímulo para que a pessoa assuma uma atitude de calma cautelosa. O medo atrai medo, como o ímã atrai partículas de ferro.

O medo intensifica e multiplica por cem nossas dores físicas e agonias mentais. Ele é prejudicial ao coração, ao sistema nervoso, ao cérebro. Destrói a iniciativa intelectual, a coragem, o tirocínio, o senso comum, a força de vontade. O medo abala a confiança e o poder da alma, que tudo vencem.

Quando alguma coisa ameaçar feri-lo, não comprometa seus poderes mentais criativos com o medo. Ao contrário, use o medo como um recurso para encontrar uma maneira prática de evitar o perigo.

Quando alguma coisa o ameaçar, não fique parado – tome uma atitude, recorrendo com calma ao poder de sua vontade e tirocínio.

O medo do fracasso ou da doença é alimentado pela preocupação constante com possibilidades adversas. Ele acaba lançando raízes no subconsciente e, por fim, no supraconsciente. As sementes desse medo germinam e enchem a mente com as plantas do pavor, que dão frutos venenosos.

Se você não consegue desalojar o medo assustador do fracasso ou da doença, distraia-se voltando a atenção para livros interessantes, envolventes, ou mesmo para divertimentos inofensivos. Depois que sua mente esquecer o medo, faça-a descobrir e erradicar as causas do fracasso e da doença do solo de sua vida diária.

ை

Não tema a doença ou os acidentes só porque já passou por isso antes. Tema antes o próprio medo, pois ele é que criará a consciência da doença e dos acidentes, atraindo para você as coisas que mais o assustam. Por outro lado, a coragem com toda a certeza as evitará ou pelo menos minimizará sua força. Mate o medo recusando-se a senti-lo. Você está protegido pelas muralhas da eterna segurança de Deus, mesmo que naufrague nos mares do sofrimento ou que a morte bata à sua porta. Os raios protetores de Deus podem dispersar as nuvens ameaçadoras da tragédia, acalmar as ondas das provações e mantê-lo seguro, quer se encontre num castelo ou no campo de batalha da vida, com os projéteis da aflição sibilando à sua volta.

ೞ

Quando o medo surgir, enrijeça o corpo e relaxe, respirando fundo várias vezes. Acenda a lâmpada da serenidade e da descontração. Faça com que todo o seu mecanismo mental desperte e passe a vibrar ao ritmo da vontade. Em seguida, imprima o poder da vontade à engrenagem da cautela intemerata e do bom-senso. Recorra sempre a esse exercício para gerar ideias práticas que lhe permitam escapar a uma calamidade específica, iminente.

ೞ

Ceder ao medo cria o hábito subconsciente do medo. Então, quando alguma coisa perturbar sua rotina, esse hábito se imporá, exagerará o objeto de terror e paralisará, na mente consciente, a disposição de combatê-lo. O homem é feito à imagem e semelhança de Deus, possui todos os poderes e potencialidades do Pai; portanto, não deve pensar que as provações são superiores à sua própria divindade. Lembre-se: por maiores que sejam essas provações, você pode vencê-las. Deus não permitiria que fôssemos tentados e desafiados para além de nossas forças.

O medo não deve produzir inércia mental, paralisia ou desânimo. Ao contrário, deve nos induzir à serenidade, à atividade cautelosa e à fuga tanto da audácia quanto da timidez.

Erradique o medo a partir de dentro concentrando-se intensamente na coragem – e também na paz interior absoluta. Ligue-se a pessoas saudáveis e prósperas, que não temam a doença nem o fracasso.

෴

O "medo de palco" é uma forma de medo que provoca nervosismo em muitas pessoas, tornando-as incapazes de fazer qualquer coisa naturalmente. Se você é tímido e tem esse tipo de medo, mantenha a mente serena e lembre-se: a força de que precisa já existe dentro de você, a força para convencer pessoas e permitir que o Espírito Infinito atue por seu intermédio.

O medo de palco e a timidez devem ser superados pela atenção profunda, a concentração e a calma pouco antes de você entrar em cena. Faça os seguintes exercícios:

1. Respire fundo algumas vezes, concentrando-se no ponto situado entre as sobrancelhas, antes de subir ao palco. Isso removerá a timidez e melhorará sua autoconfiança.

2. Mentalmente, ensaie seu desempenho, imaginando que ele será primoroso, alegre e cheio de vivacidade.

3. Elimine o nervosismo contraindo os músculos e depois relaxando-os.

4. Tome um banho duas horas (ou imediatamente) antes da apresentação. Se o tempo for curto, apenas lave as aberturas do corpo com água fria.

5. A humildade atrai: ela desperta simpatia e atenção amável por parte do público, ao passo que a arrogância provoca sarcasmo e indiferença. O complexo de inferioridade suscita compaixão,

desconfiança e apatia no público. O complexo de inferioridade nos induz a subestimar nossa capacidade real e destrói quaisquer faculdades que porventura tenhamos. A confiança inabalável em nosso talento e no sucesso de nosso desempenho, devida à certeza de que Deus opera em nós, sempre nos mantêm alegres e contentes antes de uma estreia. Disponha-se mentalmente a fazer o melhor a fim de que o público aprecie sua atuação.

6. Arranje o melhor professor para ensinar-lhe as melhores técnicas de interpretação, oratória ou canto; depois, com toda a sua inspiração e atenção, domine por completo essa técnica.

7. Coma moderadamente (digamos, às 14 horas) quando for se apresentar às 20 horas. Um estômago cheio absorve a força da atenção necessária num espetáculo.

Pratique a técnica com inteligência, inspiração e intoxicação divina todos os dias. Procure sentir, em qualquer bom trabalho que fizer, Deus atuando por seu intermédio.

Uma das formas de medo é o medo da morte. A morte deve ser olhada como uma experiência universal, uma mudança pela qual todos temos de passar. Deve ser vista como uma nova e boa oportunidade, um descanso da luta extenuante neste mundo. Além disso, nada há a temer: se você não está morto, está vivo; quando estiver morto, tudo se acabou e não há mais o que lamentar. O medo da morte nasce da ignorância máxima. Paralisa a atividade, o pensamento, a ambição. Viva bem hoje e deixe que o próximo passo cuide de si mesmo. Console-se à ideia de que a morte vem para todos – santos e pecadores – e é, portanto, apenas um repouso para as tribulações desta vida.

ശയ

O nervosismo parece uma mera indisposição, mas na verdade é bastante complicado e muitíssimo incômodo. Se você é nervoso, isso dificultará a cura de qualquer doença que possa ter. Se você é nervoso, não conseguirá se concentrar e trabalhar eficientemente para alcançar o sucesso. Se você é nervoso, não poderá meditar em profundidade para adquirir paz e sabedoria. De fato, o nervosismo interfere em todo o funcionamento do corpo e da mente. Abala o mecanismo físico, mental e espiritual do ser humano.

O nervosismo às vezes é causado pela excitação forte e contínua, como a estimulação exagerada dos sentidos, pensamentos ou emoções. A falta de elementos necessários a uma vida normal e feliz – como exercício adequado, ar fresco, luz solar, boa alimentação, trabalho agradável e objetivos a cumprir – agrava, quando não provoca, a condição nervosa. O nervosismo é altamente contagioso e pode surgir também do convívio com pessoas descontroladas, críticas ou simplesmente desagradáveis.

Toda excitação mental ou física contínua perturba o equilíbrio do fluxo da energia vital pelos nervos. Se você aplicar uma corrente de dois mil volts a uma lâmpada de cinquenta watts, ela destruirá a lâmpada. Do mesmo modo, um estímulo muito forte compromete o funcionamento do sistema nervoso. Quando, numa fábrica, os fios elétricos se estragam, podem ser substituídos por um eletricista; mas quando nossos nervos ficam danificados, não há como colocar outros em seu lugar.

Examine-se e verá que a cólera, o medo, a preocupação e outras emoções semelhantes provocam o nervosismo. Medo e preocupação se relacionam de perto: a preocupação é quase sempre o medo de que algo indesejável esteja para acontecer. Mas o que tememos raramente acontece: uma análise calma das circunstâncias quase sempre basta para eliminar a preocupação. Quando você está colérico, as células de seu cérebro literalmente fervem. Quando você está preocupado, seus nervos se paralisam. O medo queima os nervos que levam energia ao coração. A timidez destrói os terminais nervosos. Sono demais amortece os nervos e sono de menos também os prejudica. O remédio é permanecer calmo o tempo todo e fazer o melhor possível. Quando você se preocupar com alguma coisa, procure primeiro esclarecer os fatos, agir acertadamente e sorrir para o mundo. Descobrirá que a lei de Deus está sempre velando por você.

Nunca se esqueça de que Deus o acompanha constantemente. Quanto mais você meditar e tentar fazer contato com Ele, mais O sentirá ao seu lado. O medo é uma emoção totalmente desnecessária. Não tema coisa alguma.

ೲ

No caso do nervosismo comum, tome um banho frio ou borrife o rosto com água fresca. O jejum parcial

– passar sem o café da manhã ou o almoço – também ajuda. Siga uma boa dieta, mas, acima de tudo, procure a companhia de pessoas tranquilas, controladas. Mantenha sempre a calma: seja calmamente ativo e ativamente calmo. Saia da cidade de vez em quando. Mais importante ainda, aprenda o método de controle da energia. Seu corpo é como uma pequena bolha de energia no oceano de energia cósmica. Você pode entrar em contato com a energia cósmica e trazê-la para dentro do seu corpo caso faça os Exercícios de Energização.*

ଡ଼ଠ

Estar nervoso é estar no Inferno. Estar calmo é estar com Deus. Coma direito, jejue uma vez por semana, mantenha a coluna reta, aprenda os métodos de meditação e energização, elimine as toxinas e livre-se por completo do nervosismo.

ଡ଼ଠ

---

* Yogananda elaborou uma série de exercícios chamados Exercícios de Energização para carregar conscientemente de energia o corpo. Para mais informações sobre esses exercícios entre em contato com a Self-Realization Fellowship – Centro de São Paulo – www.srfsaopaulo.com.br

Definição de nervosismo: uma mente inquieta vibrando pelos nervos.

Sintomas psicológicos do nervosismo:
- Impaciência
- Falta de discernimento na ação
- Vulnerabilidade às influências do temperamento alheio
- Medo, raiva, ciúme
- Imaginação desenfreada
- Frenesi mental (muita música, muito teatro, muita dança)
- Muita excitação, pouco propósito na vida
- Mente e razão escravizadas pelos nervos
- Sonhos excitantes

Sintomas psicofísicos do nervosismo:
Balanço contínuo da cabeça ou das mãos, contrações dos lábios, tamborilar irrequieto dos dedos, movimentos involuntários de partes do corpo, espasmos, palpitações, alucinações, atos precipitados (os nervos se antecipam à mente), tagarelice e insônia.

Remédios físicos para curar o nervosismo:
- Evite alimentos apimentados, temperos fortes, cebola e estimulantes
- Consuma aipo, laranja, suco ou creme de amêndoa
- Trate a indigestão e evite a prisão de ventre
- Reduza as ações precipitadas e os tiques nervosos como coçar-se, mexer os dedos sem parar ou contrair a face
- Evite o excesso de trabalho
- Tome banhos frequentes (antes, esfregue bem com ambas as mãos a pele do corpo todo)
- Durma cedo
- Não fique acordado na cama de manhã – desperte de uma vez e levante-se
- Pratique a moderação sexual
- Contraia o corpo e inspire; relaxe e expire. O nervosismo sairá com o ar expirado
- Faça caminhadas vigorosas ao ar livre, diariamente

Meios psicológicos e gerais de cura:
- Evite discussões e ambientes agressivos
- Não entre imediatamente em ação após a resolução

- Não fique perto de pessoas nervosas
- Sufoque a excitação logo no começo
- Evite músicas barulhentas (ao menos por algum tempo)
- Ouça música de violino
- Não assista a filmes que mostrem cenas violentas ou trágicas
- Durma sozinho; esvazie a mente e o corpo de pensamentos e sensações antes de ir para a cama
- Procure descobrir o que o intimida ou excita. Não acolha emoções ou excitações súbitas. Busque a causa da excitação e seu remédio. Não permita que a ansiedade domine sua mente. Recuse-se a permitir que uma ideia o obceque
- Conviva com pessoas em tudo superiores a você – pessoas de temperamento calmo e afetuoso
- Não conte nem ouça piadas vulgares
- Pratique a serenidade e não fale demais
- Entregue-se à meditação e à concentração; usufrua de seus efeitos tranquilizantes

Muitos casos de nervosismo são de origem psicológica e se expressam por intermédio do corpo. Um exame simples feito por médico ou psicanalista (ou por introspecção pessoal) pode levar à cura imediata.

Mas, acima de tudo, a *moderação* no comer, nos prazeres do corpo e do sexo, no trabalho, na busca de dinheiro e nos compromissos sociais leva à felicidade, à saúde e à eficiência mental.

ೊ

A melhor maneira de combater o nervosismo é, em primeiro lugar, conviver com as pessoas certas. Dize-me com quem andas e dir-te-ei quem és. Nós costumamos apreciar a companhia daqueles que nos bajulam; mas a bajulação nos enfraquece. Devemos querer, isto sim, a companhia de quem nos diz a verdade e nos ajuda a melhorar. Se buscarmos sempre o convívio de bajuladores, isso prejudicará muito nossa evolução espiritual.

Havia um homem que criticava todas as ações do mestre. Esse homem morreu e os discípulos disseram alegremente a seu guru: "Mestre, o homem que constantemente o censurava se foi." O mestre se pôs a chorar e os discípulos, surpresos, lhe perguntaram: "Por que chora? Deveria estar contente por ter se livrado daquele sujeito horrível!" E o mestre replicou: "Não, estou muito triste, meu professor morreu." Ele achava úteis as críticas do homem. Criticar é ruim, mas, quando você consegue suportar as críticas, isso é edificante. Seja cuidadoso na escolha de amigos. Prefira pessoas calmas, fortes e sábias, com uma natureza mais profunda que a sua. Quando um presidiário é posto na mesma cela que um criminoso pior ainda, isso de nada lhe adianta. Chegado o momento de ele deixar a prisão, o guarda ironiza: "Quando você volta?" Pessoas nervosas, na companhia de outras pessoas nervosas, não conseguem melhorar.

O convívio com gente forte, feliz, serena, gentil e espiritualizada beneficia muito os indivíduos nervosos. Mesmo uns poucos instantes na presença de um santo costumam operar maravilhas ao produzir serenidade e quietude. O homem verdadeiramente santo é como uma jangada que nos permite navegar para longe do sofrimento.

೧೦

Eis uma forma muito comum de nervosismo: o nervosismo da alma. Esta se identifica a tal ponto com o corpo que acaba por esquecer sua verdadeira natureza.

O nervosismo da alma só pode ser vencido pela meditação, que consiste em transferir a atenção dos nervos para a percepção da Felicidade Infinita interior, ou seja, do conjunto de sensações físicas para a natureza eterna que é o nosso Eu autêntico.

Quando você tem saúde, deseja a riqueza; e quando tem ambas, deseja a felicidade. Mas nada o satisfará até encontrar Deus. O nervosismo só desaparecerá quando você se der conta de que é uma só coisa com o Divino. Seu Eu espiritual o chama a todo instante. Você precisa constatar que não é seu corpo, mas o Espírito Infinito que o habita.

CAPÍTULO 5

Como erradicar outras emoções negativas

Diga sempre a si mesmo:
Minha tarefa é a mais fascinante de todas. Ela me mantém tão ocupado que não sobram tempo nem energia para me inquietar com os assuntos de outras pessoas. Estou empenhado na missão de fugir da ignorância para a compreensão e a iluminação. Essa tarefa monopoliza toda a minha atenção para dominar pensamentos e emoções de cólera, inveja, orgulho, vingança, medo, carência e enfermidade. Devo reconhecer e eliminar tais obstáculos para sempre, de modo que, quando os últimos resquícios de negação desaparecerem, a água pura da vida possa brotar e fluir livremente através de mim

para abençoar a todos. Eis aí o meu trabalho. Poderia me contentar com menos?

☙❧

A raiva não é um antídoto para a raiva. Uma raiva violenta pode suprimir uma raiva mais fraca, mas nunca a extinguirá. Quando você estiver com raiva, não diga nada. Pense na raiva como uma doença – um resfriado, por exemplo – e trate-a com os banhos quentes mentais da lembrança de pessoas com quem você jamais poderia ficar enraivecido, não importa o que fizessem. Se sua raiva for muito violenta, tome um banho frio, borrife a cabeça com água fresca ou coloque gelo na medula e nas têmporas, logo acima das orelhas, no alto da cabeça e na testa, especialmente entre as sobrancelhas.

Quando a raiva irromper, ligue o mecanismo da serenidade; deixe que esta acione as engrenagens da paz, do amor e do perdão. Destrua a raiva com esses antídotos. Assim como você não gosta que os outros se encolerizem com você, os outros não gostam de ser alvo de sua raiva intempestiva. Pense em amor. Quando você imita o Cristo e vê a humanidade como irmãos que se magoam (pois não sabem o que fazem), não consegue sentir raiva de ninguém. A ignorância é a mãe de todas as raivas. Aperfeiçoe a razão metafísica e, com ela, elimine a raiva. Procure ver em quem o encoleriza um filho de Deus, um irmãozinho de 5 anos que o machucou sem querer. Você, é claro, nem pensaria em machucá-lo também para se vingar. Liquide mentalmente a raiva dizendo a si mesmo: "Não envenenarei minha paz com a raiva; não perturbarei minha calma habitual, fonte de alegrias, com a irritação."

ഔ

Um desejo insatisfeito geralmente resulta em raiva. Primeiro, descubra se seu desejo era bom ou mau. Se era mau, sinta-se grato por não ter feito uma coisa errada. Fique calmo; fique firme.

Quando a raiva surge, esquecemo-nos de nossa posição; e, quando nos esquecemos de nossa posição, fazemos coisas erradas, transformando-nos assim em instrumentos da ignorância. Se algo não vai bem, corrija o erro. Examine os fatos com inteligência e serenidade. A lei divina lhe propiciará lucidez.

Se quiser subjugar uma pessoa, faça com que ela quebre sua espada. Vença o mal com o amor: isso é força divina, bem mais poderosa que a raiva. A pessoa encolerizada deve tirar de você um oceano de amor e serenidade, que extinguirá as chamas de sua raiva. Aprenda a dar amor, calma e compreensão a quem esteja encolerizado.

Quando você sente raiva, é como se estivesse num forno baixo. Todos os seus nervos, células e carne ficam assando no calor da raiva, que costuma provocar às vezes até a morte. A raiva, levada a extremos, não é segura para o corpo, a mente ou a alma. Muitas doenças são provocadas por ela, que também distorce as linhas do rosto e acarreta o envelhecimento precoce. Não profane assim seu rosto e sua mente, feitos à imagem e semelhança de Deus.

Jesus revelou toda a sua grandeza ao dizer: "Pai, perdoai-os, eles não sabem o que fazem." Dessa maneira, mostrou ser Deus. Se, enraivecido, houvesse usado seus poderes para destruir os outros, a humanidade O adoraria hoje? Não! Jesus patenteou suas qualidades divinas e está para sempre entronizado em todos os corações. Ele é o luminar que seguimos através da eternidade: uma luz que nos aquece e nos fortifica.

Toda manhã é o começo de um novo dia e de um novo ano. Assim como limpo meu corpo e o torno apto para as atividades diárias, assim devo limpar minha mente do medo, do preconceito e da negatividade.

Quando você estiver doente, não se concentre na extensão do seu sofrimento, mas forme uma imagem mental dos anos juvenis e saudáveis que já gozou. O que já teve, poderá ter de novo caso se esforce. Desistir é o caminho mais árduo e difícil a longo prazo; o caminho mais fácil é lutar até vencer.

Combata a tristeza com a alegria; destrua os pensamentos doentios do fracasso com o tônico da consciência do sucesso. Jogue as tribulações na fogueira da felicidade. Limpe as praias de sua mente da inquietude e da ignorância. Estabeleça dentro de si o Reino do Silêncio – e o Deus da Felicidade aí penetrará sem necessidade de prece, convite ou lisonja.

O complexo de inferioridade nasce do contato com pessoas pobres de espírito e com a frágil mente subconsciente inata. O complexo de superioridade brota do falso orgulho e do ego inflado. Ambos são prejudiciais ao autodesenvolvimento; ambos são alimentados pela imaginação e nenhum pertence à natureza verdadeira e onipotente da alma. Fortaleça a autoconfiança vencendo suas fraquezas. Encontre a autoconfiança em realizações concretas e estará livre dos complexos de superioridade e inferioridade.

ତ୪ତ

Todas as noites, fique calmo e em silêncio por pelo menos dez minutos, de preferência mais, antes de se recolher; e novamente de manhã, antes de iniciar as atividades do dia. Isso formará um hábito sólido de felicidade que o capacitará a enfrentar quaisquer desafios na batalha da vida. Com essa felicidade imutável dentro de si, procure atender às necessidades do cotidiano. Busque a felicidade cada vez mais na mente e cada vez menos no desejo de adquirir coisas. Seja tão feliz mentalmente que nada do que aconteça possa deixá-lo infeliz.

Sinta-se feliz sabendo que adquiriu o poder de não ser negativo e que terá, à vontade, tudo aquilo de que precisar.

CAPÍTULO 6
Afirmações científicas de cura para a força interior

Extraído de *Scientific Healing Affirmations*, por Paramhansa Yogananda, ed. 1924.

O poder espiritual da palavra do homem

A palavra do homem é o Espírito no homem. Palavras são sons produzidos por vibrações de pensamentos. Pensamentos são vibrações emitidas pelo ego ou pela alma. Toda palavra que sai de nossos lábios deve estar carregada com a genuína vibração da alma. As palavras da maioria das pessoas carecem de peso porque são proferidas automaticamente e não vêm impregnadas da força da alma. Tagarelice, exagero ou falsidade enfraquecem nossas palavras. Por isso, as preces ou pedidos dessas pessoas não produzem as mudanças desejadas. Cada palavra que você disser deve representar não apenas a Verdade, mas também um pouco de sua percepção da força da alma. Sem isso, as palavras são meras aparências. Palavras saturadas com sinceridade, convicção, fé e intuição lembram bombas cuja vibração pode pulverizar as rochas das dificuldades e produzir a mudança desejada. Evite palavras desagradáveis, ainda que sejam verdadeiras.

Palavras ou afirmações sinceras, repetidas com compreensão, sentimento e boa vontade, sem dúvida motivam a onipresente Força Vibratória Cósmica a nos ajudar em nossas dificuldades. Apele para essa Força com confiança infinita, deixando de lado todas as dúvidas. Se suas afirmações forem proferidas com descrença ou visando apenas aos resultados pretendidos, sua atenção se desviará do objetivo almejado. Não semeie a prece vibratória no solo da Consciência Cósmica, ficando a escavá-lo o tempo todo para ver se o resultado germinou.

O poder dado por Deus ao homem

Convém lembrar que não existe nada mais forte que a Consciência Cósmica ou Deus. Portanto, busque apenas Sua ajuda. Não quer dizer que deva permanecer inerte, passivo ou crédulo – nem minimizar o poder da sua mente. Lembre-se: Deus ajuda a quem cedo madruga. Ele lhe deu força de vontade, concentração, fé, razão e bom-senso, a que você pode recorrer para curar--se. Mas, ao usar a força de vontade e o bom senso, não confie unicamente em seu ego, desconectando-se assim da Força Divina. Procure se conscientizar sempre de que está usando seu próprio poder, mas *dado por Deus*, para curar a si mesmo ou a outras pessoas. É preciso alcançar um equilíbrio entre a velha concepção de que tudo depende de Deus e a nova, de que tudo depende do ego.

Responsabilidade mental por doenças crônicas

Na tentativa de nos livrarmos de um problema físico recorrendo a métodos materiais ou mentais, muitas vezes nos concentramos mais no poder opressivo da doença do que na possibilidade de cura. Assim, a doença se torna um hábito mental, tanto quanto físico. Isso se aplica sobretudo aos casos de nervosismo, em que a doença é sentida mesmo depois de já estar fisicamente curada. Cada sensação corporal de doença ou saúde escava sulcos nas células cerebrais, que mais tarde despertam certos hábitos de saúde ou doença.

O hábito subconsciente de percepção da doença ou da saúde é em grande parte responsável pela continuidade dos problemas crônicos. Doenças mentais ou físicas crônicas sempre têm raízes profundas na mente subconsciente. A pessoa tem de saber extirpar essas raízes em caso de problema físico ou mental. Por esse motivo, todas as afirmações elaboradas pela mente consciente precisam ser vívidas o bastante para se transformar em hábitos mentais na mente subconsciente, que por sua vez influencia de maneira automática a mente consciente. Uma vigorosa afirmação consciente é assim reforçada por intermédio do subconsciente.

Uma vontade consciente ou afirmações devocionais ainda mais vigorosas chegam não apenas ao subconsciente, mas também ao supraconsciente, esse depósito mágico de todos os poderes mentais miraculosos.

Afirmações individuais devem ser praticadas com boa vontade, sentimento, inteligência e devoção, às vezes em voz alta (quando ninguém está ouvindo), mas sobretudo mentalmente, em silêncio, redobrando de atenção. Esta deve aumentar a partir do início da afirmação, sem esmorecer. Caso fique desatento, procure se concentrar de novo, repetidamente, na tarefa que se impôs.

A paciência e a repetição atenta, inteligente, são criadoras de hábitos e devem ser empregadas durante as afirmações. Afirmações profundas e longamente repetidas para a cura de problemas crônicos têm de ser praticadas mentalmente até se tornar parte das convicções intuitivas da pessoa. Caso não haja resultados (ou se estes forem adversos), ignore o fato. Melhor morrer (se a morte não puder ser evitada) com a convicção de estar curado do que sobreviver pensando que uma doença física ou mental é incurável.

Eis outro fato que sempre deve ser lembrado: embora a morte seja o fim necessário do corpo segundo o atual conhecimento humano, sua hora pode ser mudada pelo poder supraconsciente da alma. Para chegar ao supraconsciente, as afirmações precisam estar livres de incertezas, dúvidas e desatenção. Atenção e devoção são luzes capazes de conduzir até afirmações cegamente proferidas ao subconsciente e ao supraconsciente. Quanto maior é o poder da atenção e da devoção, mais longe elas podem conduzir as vibrações de diferentes afirmações ao seu destino no subconsciente ou no supraconsciente.

Curas de acordo com o temperamento

Imaginação, raciocínio convincente, fé, sentimento, vontade ou ação podem ser empregados conforme a natureza do indivíduo. Nem todas as pessoas entendem isso. Coué[*] pretendia curar qualquer pessoa pela autossugestão. Mas o intelectual não é suscetível à sugestão; ele precisa entender o poder da mente sobre o corpo. A autossugestão também não funciona com o homem enérgico; este, para ser curado de um problema, necessita de estímulo em sua força de vontade e não em sua imaginação.

Yogoda[**] ensina, por meio da arte da concentração e da meditação, bem como do controle da vontade, como usar a corrente vital diretamente para curar nosso eu e o de nossos semelhantes. Não convém minimizar jamais a importância dos esforços repetidos e cada vez mais intensos das afirmações da vontade ou da imaginação, tais quais apresentados aqui, para operar a cura de maus hábitos ou de problemas físicos e mentais.

---

[*] Émile Coué (1857-1926) foi um farmacêutico francês criador de um método psicoterapêutico que envolvia a repetição frequente da fórmula: "Todos os dias e de todas as maneiras, torno-me cada vez melhor."

[**]Yogoda é o nome que Yogananda aplicou aos seus ensinamentos. Traduziu-o poeticamente como "desenvolvimento harmonioso de todas as faculdades humanas". Literalmente, significa "o que ensina yoga ou união divina".

A fé vale mais que o tempo

A cura instantânea das doenças físicas, mentais e espirituais pode ocorrer a qualquer momento. As trevas acumuladas com o tempo são banidas quando acendemos uma luz, não quando tentamos expulsá-las. Ninguém pode prever a hora em que será curado, portanto não espere uma cura imediata ou num futuro distante. A fé, não o tempo, é que determinará o momento da cura. Os resultados dependem do correto despertar da energia vital, bem como do estado mental e subconsciente da pessoa.

Esforço e atenção são absolutamente necessários para despertar a fé, a vontade ou a imaginação. Uma vez estimuladas, estas automaticamente impelem a Energia Vital a operar uma cura. O desejo ou a expectativa de resultados comprometem a força da atenção. Sem vontade ou fé, a Energia Vital permanece adormecida e a cura não ocorre.

Leva tempo recuperar uma vontade, fé ou imaginação debilitada em pacientes que sofrem de problemas crônicos, pois suas células cerebrais estão marcadas pela consciência desses problemas.

Classificação da cura

1. Cura de doenças físicas.
2. Cura de doenças psicológicas como medo, raiva, maus hábitos, consciência de fracasso, falta de confiança.
3. Cura de doenças espirituais como indiferença, vida sem objetivo, orgulho intelectual, dogmatismo, ceticismo, ignorância da própria divindade.

É da máxima importância enfatizar igualmente a prevenção e a cura dos três tipos de doenças. Todos provocam sofrimento e devem, portanto, ser remediados pelos métodos terapêuticos aplicáveis.

Em geral, a atenção das pessoas se fixa unicamente na cura das doenças do corpo porque elas são mais tangíveis. As pessoas não se dão conta de que suas tribulações mentais – medo, desespero, preocupação, raiva, descontrole e sofrimento espiritual devido à ignorância do significado da vida humana – são ainda mais graves. Todas as doenças físicas nascem da desarmonia mental e espiritual. A ignorância das leis da higiene mental e da arte espiritual de viver é responsável por todo o sofrimento físico e material do homem. Se a mente se purificar das bactérias mentais da raiva, da preocupação, do medo etc., e a alma estiver livre da ignorância, nenhuma doença ou carência material poderá sobrevir.

Para evitar a doença mental

Cultive a paz e a fé na Consciência Cósmica. Liberte a mente de pensamentos inquietantes, substituindo-os pelo equilíbrio e a alegria. Constate a superioridade da cura mental sobre a cura física. Evite adquirir maus hábitos, que tornam a vida abjeta.

Para evitar a doença espiritual

Acredite firmemente que foi criado à imagem e semelhança do Pai, sendo, pois, imortal e perfeito como Ele. Se uma simples partícula de matéria é indestrutível, conforme a ciência provou, por que a alma não o seria? A matéria sofre mudanças; a alma passa por experiências que a fazem mudar. A morte ou transformação de uma coisa não destrói nem altera sua essência.

Aplique à sua vida diária as experiências de paz e equilíbrio que adquiriu pela concentração e a meditação. Mantenha a frieza em meio às circunstâncias mais adversas, não permitindo que as emoções violentas dos outros ou as tribulações o abalem.

Corpo e consciência criados pelo homem em estado onírico

Em sonhos, o homem pode se ver caminhando alegremente por um magnífico jardim e, de súbito, deparar com o cadáver de um amigo. A tristeza o domina, ele chora, sua cabeça lateja e seu coração dispara. Desperta e ri dessa ilusória experiência onírica. Mas que diferença há entre uma experiência onírica e uma experiência em estado de vigília? A percepção da matéria e da consciência é a mesma em ambos os casos. O homem adormecido cria consciência e matéria em seu sonho.

A ilusão do mundo

Se essa criação enganosa é possível ao homem adormecido, facilmente se imagina que a Consciência Cósmica, com seu poder infinito, consiga gerar um sonho mais realista e permanente na consciência humana graças aos artifícios de *maya* (ou ilusão).

Aqueles que buscam a saúde e a felicidade, ou temem a doença e a privação, adotam o falso pressuposto segundo o qual a saúde é diferente da doença, de que a privação é diferente da felicidade. Quando o homem constata sua verdadeira natureza, as dualidades desaparecem, todas as carências passam a ser vistas como ilusórias e todos os desejos se calam.

Aqueles que ainda não atingiram a Consciência Cósmica devem reconhecer as propriedades terapêuticas, embora limitadas, das ervas e medicamentos. O emprego de afirmações não implica a necessidade de desprezar os métodos físicos de cura, pois eles são resultado de pesquisas das leis materiais de Deus.

Como praticar as afirmações

As afirmações devem ser praticadas em voz alta, que irá baixando até se transformar num murmúrio, e depois unicamente como cânticos mentais. Com atenção, devoção e convicção profunda, transporte o pensamento do sentido auditivo da mente consciente para a mente subconsciente e daí para a supraconsciente. Essas afirmações podem curar aqueles que acreditam nelas.

A repetição das afirmações segue este curso: de cântico em voz alta a cântico em voz baixa, a cântico mental, a cântico subconsciente e, por fim, a cântico supraconsciente.

O cântico subconsciente se torna automático apenas com consciência interior. O cântico supraconsciente ocorre quando as profundas vibrações musicais interiores se convertem em constatações e se firmam nas mentes consciente, subconsciente e supraconsciente. O cântico supraconsciente ocorre quando mantemos a atenção fixa na verdadeira Vibração Cósmica, não em algum som imaginário.

Supraconsciência, não inconsciência

Um ponto muito importante a ter em vista é que, ao passar de um estado de cântico a outro, a atitude da mente também deve mudar, tornando-se mais profunda e concentrada. O objetivo consiste em unir numa só coisa o cantor, o cântico e o processo de cantar. A mente tem de mergulhar no mais profundo estado consciente – NÃO na inconsciência ou na distração. Essa consciência absoluta, concentrada, deve ser tal que todos os pensamentos se mesclem num estado único, como partículas atraídas por um ímã irresistível.

Centros fisiológicos

Durante as diferentes afirmações, devemos considerar os centros fisiológicos para os quais a atenção será dirigida: por exemplo, o centro do coração, quando se tratar de sentimentos; a medula, como fonte de energia; e o ponto entre as sobrancelhas, para despertar a vontade. O que queremos é dirigir conscientemente a atenção para os centros de pensamento, sentimento e vontade. As pessoas devem ater-se com todas as forças ao significado profundo da afirmação.

A atitude da mente deve variar de acordo com a afirmação: afirmações de vontade serão acompanhadas por vontade forte; afirmações de sentimento, por devoção; afirmações de razão, por devoção e inteligência; afirmações de imaginação, por idealização e fé. Para curar outras pessoas, escolha uma afirmação compatível com o temperamento dinâmico, criativo, emotivo ou introspectivo do paciente.

Em todas as afirmações, a intensidade da atenção é de capital importância; mas a continuidade e a repetição também têm grande valor. Devoção, vontade e fé devem impregnar, intensa e continuamente, suas afirmações, sem preocupação com os resultados.

A fé absoluta em Deus e seus autênticos devotos é o melhor método de cura instantânea. Mais vale morrer tentando despertar essa fé do que sucumbir confiando unicamente em remédios ou na matéria.

Instruções para prática individual e grupal

Tempo: Para o indivíduo – Imediatamente depois de despertar de manhã ou durante o período de torpor que precede o sono da noite.

Para o grupo – Qualquer hora conveniente.

Lugar: Um ambiente o mais silencioso ou tranquilo possível. Se as afirmações tiverem de ser praticadas num local barulhento, apenas ignore o barulho e dedique-se com devoção ao exercício.

Método: Antes de iniciar a afirmação, limpe a mente de todas as preocupações e impaciência. Escolha a afirmação e repita-a a princípio em voz alta, depois mais suave e lentamente, até sua voz se transformar num sussurro. Então, aos poucos, faça a afirmação apenas mentalmente, sem mover sequer a língua ou os lábios. Afirme mentalmente até sentir que mergulhou numa concentração profunda, ininterrupta – continuidade consciente de pensamento.

Se você prosseguir com a afirmação mental e se aprofundar nela ainda mais, será dominado por uma sensação intensa de alegria e paz crescentes. Durante a concentração profunda, a afirmação se fundirá com o fluxo subconsciente e retornará reforçada com o poder de influenciar sua mente consciente graças à lei do hábito. No período em que você experimentar uma paz cada vez mais intensa, sua afirmação descerá mais fundo no reservatório supraconsciente e subirá de novo dotada de um poder ilimitado, não apenas para influenciar sua mente consciente, mas também para realizar seus desejos materiais. Não duvide e presenciará o milagre dessa fé científica.

No caso das afirmações em grupo para cura de doenças físicas ou mentais na própria pessoa ou em outras, é necessário afirmar mantendo homogeneidade de tom, vigor mental, concentração, fé e paz. Mentes débeis diminuem a força conjunta nascida dessas afirmações e podem até desviar o fluxo de energia de seu destino supraconsciente. Não movimente o corpo, não fique mentalmente impaciente e não perturbe os outros. A imobilidade corporal, por si só, não basta; sua concentração ou impaciência podem afetar materialmente o resultado pretendido, de maneira favorável ou desfavorável.

As sementes de afirmação abaixo estão embebidas de inspiração da alma. Devem ser plantadas no solo da paz supraconsciente, e regadas por sua fé e concentração.

Muitos processos ocorrem entre o plantio das sementes de afirmação e sua colheita. Todas as condições para seu crescimento devem ser preenchidas, do contrário não darão os frutos desejados. A semente da afirmação precisa estar viva, livre das infecções da dúvida, da impaciência ou da desatenção; precisa ser plantada nos corações e mentes de pessoas que tenham fé, concentração, devoção e paz; precisa ser regada com repetições profundas e contínuas.

Evite a repetição mecânica. Esse é o sentido do mandamento bíblico: "Não tomeis Seu santo nome em vão." Repita as afirmações com firmeza, ênfase e sinceridade até adquirir um poder tal que uma simples ordem sua seja suficiente para modificar suas células ou capacitar sua alma a realizar milagres.

Sugestões para a prática

1. Sente-se voltado para o norte ou o leste.
2. Feche os olhos e concentre toda a atenção na medula ou em outro ponto escolhido. Mantenha a coluna reta, levante o peito e recolha o abdome. Relaxe completamente. Inspire profundamente e expire (três vezes).
3. Relaxe e permaneça imóvel. Esvazie a mente dos últimos resquícios de pensamento e afaste-a de quaisquer sensações físicas.

4. Preencha a mente com devoção e vontade, sentindo a primeira no coração e a última no ponto entre as sobrancelhas. Elimine a ansiedade, a desconfiança, a preocupação. Conscientize-se calmamente de que a lei divina atua e é todo-poderosa apenas quando você não a bloqueia com a dúvida ou a descrença. A fé e a concentração deixam-na operar sem barreiras. Conscientize-se também de que todos os estados físicos e mentais são mutáveis e curáveis, e de que o estado crônico não passa de uma ideia ilusória.
5. Esqueça aquilo de que quer ser curado.
6. Nas afirmações em grupo, o líder deve lê-las pausadamente, de pé. Os ouvintes as repetem em seguida, no mesmo ritmo e entonação.

Para curar a consciência de fracasso

O sucesso vem quando obedecemos às leis divinas e materiais. É preciso alcançar o sucesso tanto espiritual quanto material. Este consiste em obter tudo aquilo que satisfaz às necessidades da vida. Ganhar dinheiro deve ser um ato praticado para melhorar a sociedade, o país, o mundo. Ganhe o dinheiro que puder se, com isso, beneficiar sua comunidade, seu país ou o mundo, mas nunca o faça contrariando interesses alheios.

Existem leis mentais, subconscientes e supraconscientes para alcançar o sucesso e combater o fracasso.

Para que a Lei Divina ou o poder supraconsciente o ajudem, não interrompa seus esforços conscientes nem confie apenas em seus talentos naturais. Com lucidez, tente combater e vencer o fracasso, sentindo ao mesmo tempo que a Lei Divina está secundando seus esforços para ser bem-sucedido. Esse método estabelece uma conexão consciente com o Divino. Pense que, como filho de Deus, você tem acesso a todas as coisas que pertencem a seu Pai. Não duvide: quando precisar de algo, livre-se da consciência de fracasso e compenetre-se de que tudo lhe pertence. Hábitos subconscientes de ignorância e descrença nessa lei privaram-nos de nossa herança divina. Quem anseia por usar os recursos do Suprimento Divino precisa banir essa mentalidade errônea com esforço persistente, saturado de confiança infinita.

Quando métodos conscientes, subconscientes e supraconscientes de sucesso se combinam, a vitória é certa. Tente de novo, não importa quantas vezes haja tentado em vão.

Afirmação de sucesso material

Tu és meu Pai,
Sucesso e alegria.
Sou Teu filho,
Sucesso e alegria.
Toda a riqueza deste mundo,
Todos os bens do universo
Pertencem a Ti, pertencem a Ti.
Sou Teu filho.
A riqueza do mundo e do universo
Pertence a mim, pertence a mim,
Ah, pertence a mim, pertence a mim.
Vivi cultivando pensamentos de pobreza.
Erroneamente, supus que era pobre
E pobre eu era.
Agora estou em casa e Tua consciência
Me fez rico, me fez rico.
Sou bem-sucedido, sou rico.
Tu és meu Tesouro, sou rico, sou rico.
Tu és tudo, Tu és tudo.
Tu és meu,
Tenho tudo, tenho tudo.
Sou próspero, sou rico,
Tenho tudo, tenho tudo.

Possuo todas as coisas
Como Tu possuis, como Tu possuis.
Possuo tudo, possuo tudo.
Tu és minha riqueza,
Tenho tudo.

Obtemos sucesso espiritual quando nos ligamos voluntariamente à Consciência Cósmica e preservamos nossa paz e equilíbrio até em presença dos acontecimentos inevitáveis da vida, como a morte de amigos. Quando você perder um ente querido em virtude da lei da Natureza, não se deprima, mas agradeça a Deus por Ele lhe ter concedido o maravilhoso privilégio de conviver com uma de suas criaturas amadas. O sucesso espiritual vem quando encaramos tudo com jovialidade e coragem, reconhecendo que todas as coisas se encaminham para um destino superior.

Afirmação de sucesso psicológico

Sou corajoso, sou forte.
O aroma dos pensamentos de sucesso
Me envolve, me envolve.
Sou contido, sou calmo.

Sou afetuoso, sou amável.
Sou amor e simpatia.
Sou encantador e atraente,
Tudo me agrada.
Enxugo as lágrimas e os receios,
Não tenho inimigos,
Embora alguns pensem que são inimigos meus.
Sou amigo de todos.
Não tenho maus hábitos
No comer, no vestir, no agir.
Sou livre, sou livre.
Invoco-Te, ó Atenção,
Para que venhas e pratiques a concentração
Nas coisas que faço, nos trabalhos que executo.
Posso fazer tudo
O que penso fazer, o que penso fazer.
Na igreja ou no templo, ao orar,
Meus pensamentos erradios se erguem contra mim
E impedem que minha mente Te alcance,
E impedem que minha mente Te alcance.
Ensina-me a recuperar, a recuperar
Minha mente e meu cérebro perdidos na matéria
Para que os possa dar a Ti
Em prece e êxtase,

Em meditação e devaneio.
Quero reverenciar-Te
Meditando
No alto da montanha e na solidão.
Sentirei Tua energia
Fluindo por minhas mãos ativas.
Se Te perdi,
Vou reencontrar-Te na ação.

Mais afirmações*

De olhos fechados, concentre-se no ponto entre as sobrancelhas e repita estas palavras três vezes:

Quero, graças à minha própria vontade
Que flui da Vontade Divina,
Ser forte e saudável,
Próspero e espiritualizado,
Saudável, saudável.

Feche os olhos, concentre-se nos batimentos cardíacos e repita com devoção e sentimento:

---

* Afirmações específicas para coragem, serenidade e confiança estão nos Capítulos 1, 2 e 3.

Tu és amor, Tu és amor,
Sou Teu, Tu és meu,
Sou Teu, Tu és meu,
Sou amor, sou amor.
O amor é forte, o amor é perfeito.
Sou forte, sou amor,
Sou íntegro, sou perfeito.

Concentre-se no umbigo e imagine que dali escape uma luz intensa. Feche os olhos. Sinta esse centro e repita com imaginação e devoção:

Tu és Vida, tu és força,
Tu és mente e imaginação,
Tu és pensamento, Tu és fantasia,
Eu sou pensamento, eu sou fantasia.
De todos os modos, de todos os modos
Sou como Tu, sou como Tu,
Sou íntegro, sou como Tu.

Concentre-se na medula, feche os olhos e, sentindo ou visualizando a luz que dali emana, repita:

A corrente cósmica flui em mim, flui em mim,
Por minha medula, flui em mim, flui em mim.
Sinto-a e quero que ela flua
Por todo o meu corpo, quero que ela flua
Por todo o meu corpo, quero que ela flua.
Estou cheio de energia, estou curado,
Estou cheio de energia, estou curado.
Raios de luz me atravessam.
Estou curado, estou curado.

Método supraconsciente de cura

Esqueça a respiração, sintonize-se com a Vibração Cósmica e, com vontade cada vez mais forte e devoção cada vez maior, concentre-se no ponto entre as sobrancelhas, enviando as seguintes preces ou convicções à Vibração Cósmica. Mentalmente, apele para a Vibração Cósmica como se apelasse para seu próprio pai:

Ó Santa Vibração,
Tu és o que sou, eu sou o que és!
Minha alma é Tua, Teu espírito é meu.
Tu és perfeita, Tu possuis tudo,
Eu sou Teu filho, eu possuo tudo,

Eu possuo tudo, eu possuo tudo.
Meu ramalhete da mais pura devoção,
Meu amor e minha devoção suprema
Estão em Ti, estão em Ti.
O que é meu é Teu,
O que é Teu é meu.
Peço com amor, peço com amor:
Sê minha, sê minha.
Tu és o que sou, Tu és o que sou,
Tu és bênção, eu sou bênção,
Tu és paz, eu sou paz.
Tu és íntegra, eu sou íntegro,
Tu és perfeita, a Perfeição me pertence.
Tu és bênção, eu sou bênção,
Eu sou bênção, eu sou bênção.

Deponha toda a sua fé em Deus e não duvide nunca de que Seu poder está trabalhando por você, animando seus pensamentos, preces e crenças a fim de lhe proporcionar força infinita, capaz de curá-lo e aos outros.

Reconheça que Ele está com você em tudo e Ele permanecerá sempre ao seu lado.

Ao afirmar "Sou saudável" ou "Sou sábio", faça-o com vigor suficiente para banir todos os pensamentos negativos, adversos e desencorajadores do subconsciente, que talvez lhe estejam sussurrando: "Seu tolo, você nunca vencerá! É um completo fracasso; a sabedoria é impossível para você." Saiba que, quando desejamos intensamente uma coisa, ela se materializa a curto prazo.

Ignore o elemento tempo ao fazer afirmações. Quando for praticá-las, o aspirante espiritual deve ser infinitamente paciente. Acredite que é saudável por natureza ao desejar boa saúde; acredite que é próspero por natureza ao desejar prosperidade; acredite que é sábio por natureza ao desejar sabedoria – e então sabedoria, prosperidade e saúde se manifestarão por si mesmas em você.

Mude o rumo de seus pensamentos. Elimine todos os hábitos mentais negativos, substituindo-os por hábitos mentais sadios e corajosos, que devem ser aplicados à vida diária com confiança inabalável.

Lembre-se de que uma pessoa inteligente e resoluta pode substituir facilmente um mau hábito mental por um bom num piscar de olhos, bastando-lhe querer. Portanto, se você tem um hábito mental, físico ou espiritual que impeça seu progresso, livre-se dele agora. Não o ponha simplesmente de lado.

CAPÍTULO 7

Meditação para sintonia com a sublimidade interior

Ensina-me a não me drogar com o narcótico da impaciência. Hoje, meditarei mais profundamente que ontem. Amanhã, meditarei mais profundamente que hoje. Hoje, com o toque suave da intuição, sintonizarei o rádio de minha alma e livrarei minha mente da estática da impaciência para ouvir a vibração cósmica de Tua voz, a música dos átomos e a melodia do amor ecoando em minha supraconsciência. Dentro de mim, encontrarei perpétua felicidade celestial. A paz reinará tanto no silêncio quanto em plena atividade. Deixa-me ouvir Tua voz, ó Deus, na caverna da meditação!

Ensina-me, ó Espírito, a interromper pela meditação a tempestade da impaciência mental e das perturbações sensoriais que assolam o lago de minha mente. Que a varinha mágica de minha intuição faça cessar os ventos das paixões e dos desejos inúteis. No lago sereno de minha mente, que eu contemple o reflexo não distorcido da lua de minha alma, refulgindo com o brilho de Tua presença.

Cerre as pálpebras e ignore a dança selvagem das cenas tentadoras. Mergulhe a mente no poço sem fundo do seu coração. Mantenha a mente no coração, borbulhante com seu sangue vital. Concentre-se no coração até sentir suas pulsações rítmicas. A cada pulsação, ouça o som da Vida onipotente. Visualize a mesma Vida universal batendo à porta do coração de todos os seres humanos e de todas as criaturas vivas.

O coração pulsa o tempo todo, suavemente, anunciando o poder infinito que se oculta atrás das portas de sua percepção. As tênues batidas da Vida universal dizem a você em pleno silêncio: "Não receba apenas algumas gotas da corrente de Minha vida, mas expanda a abertura dos poderes do sentimento e deixe que Meu fluxo invada teu sangue, corpo, mente, emoções e alma com Minhas pulsações de vida abundante."

ෲ

Não respirar é não morrer

Respiração é vida. Se você conseguir viver sem respirar, prolongará seus dias e, da consciência do corpo, ascenderá à consciência da Alma ainda preso ao invólucro físico. Não respirar não significa suprimir a respiração ou forçar o ar a permanecer nos pulmões; ao contrário, não respirar nos conduz a um estado de serenidade interior e descontração, tornando o oxigênio desnecessário por algum tempo.

Você pode praticar essa técnica a qualquer tempo. Onde quer que esteja, sente-se com a espinha reta e relaxe completamente. Feche os olhos (ou fixe-os, semicerrados, no ponto entre as sobrancelhas). Em seguida, com muita serenidade, observe mentalmente sua respiração *sem controlá-la, à medida que o ar entra e sai do corpo*. Inspirando, mova o indicador de sua mão direita para dentro, na direção do polegar, e mentalmente (sem mexer a língua ou os lábios) emita o som "*Hong*". Expirando, estique o indicador e emita mentalmente o som "*Sau*". (O objetivo de mover o indicador é tornar-se mais positivo na concentração e diferenciar a inspiração da expiração.) *Não controle de maneira alguma a respiração mentalmente.* Ao contrário, assuma a atitude calma de um *observador silencioso*, atento ao fluxo natural do ar que entra e sai do corpo – um fluxo do qual nem sempre temos consciência.

Pratique essa técnica reverentemente, atentamente, por pelo menos dez minutos (no começo). Quanto mais tempo o exercício durar, melhor. Você poderá praticá-lo a qualquer hora, de dia ou de noite, durante a meditação formal ou nos momentos de lazer – por exemplo, no carro (desde que não esteja dirigindo!) ou mesmo deitado de costas na cama. Ele lhe proporcionará uma sensação profunda de paz interior e o fará pelo menos compreender que você não é seu corpo, mas sua alma – superior ao invólucro material e independente dele.

Para a meditação formal, sente-se numa cadeira de espaldar reto, sem braços. Cubra o espaldar e o assento com um cobertor de lã, deixando-o cair a seus pés. Vire-se para o leste. Permaneça ereto, com as costas afastadas do espaldar.

A técnica *Hong Sau* também pode ser praticada, como eu disse, durante os momentos de inatividade – por exemplo, na sala de espera de um consultório médico. Apenas observe a respiração enquanto profere mentalmente os sons "*Hong*" e "*Sau*" sem mover o dedo, fechar os olhos, fixar o ponto entre as sobrancelhas ou fazer algo que chame a atenção de quem estiver por perto. Mantenha os olhos abertos, se preferir, sem piscar, olhando para a frente ou para um ponto qualquer. Conserve a coluna reta, se for possível e se puder fazê-lo sem inconveniente.

O objetivo da técnica *Hong Sau* é ajudá-lo a desviar a atenção do mundo exterior e dos sentidos, pois a respiração é o vínculo que mantém a alma presa ao corpo. O homem vive numa atmosfera composta de ar, do qual precisa como o peixe precisa de água. Caso supere a respiração não respirando, ele pode entrar nos reinos celestes de luz, onde moram os anjos. Quando acompanhamos serenamente o movimento da respiração, esta se torna mais lenta de maneira natural, acalmando por fim a atividade perturbadora do coração, pulmões e diafragma.

Considere por um instante este fato extraordinário: o coração normalmente bombeia cerca de doze toneladas de sangue por dia! Não descansa nem mesmo à noite, quando a maioria dos outros órgãos tem a chance de suspender sua atividade pelo menos em parte. O órgão que mais trabalha no corpo, o mais sobrecarregado, é o coração. A técnica *Hong Sau* é um método científico para dar descanso ao coração, aumentando assim sua longevidade e liberando um volume enorme de Corrente Vital, ou energia, para ser distribuída por todo o corpo, o que renova suas células e retarda o envelhecimento.

Essa técnica maravilhosa, embora simples, é uma das maiores contribuições da Índia ao mundo. Ela aumenta o tempo de vida do homem e é uma maneira prática de nos desligarmos da consciência do corpo e nos percebermos como Espírito Imortal. As palavras sânscritas *Hong* e *Sau* são dotadas de poder mântrico. O ditado básico *Aham saha* significa: "Eu sou Ele."

A importância do relaxamento

Durante o sono, nossos sentidos se relaxam. A morte é um completo, embora involuntário, relaxamento do espírito, que assim se afasta do corpo. Ocorre quando a atividade do coração é suspensa. Graças à técnica *Hong Sau*, conseguimos até mesmo relaxar o coração e, dessa maneira, bloquear sua tendência para a exterioridade: assim, experimentamos a morte *conscientemente*, eliminando a sensação de mistério que ela provoca e perdendo o medo de morrer. Podemos, de fato, aprender a deixar o corpo voluntária e prazerosamente, em vez de ser arrancados dele à força, muitas vezes de maneira inesperada, pelas garras da morte.

A desatenção, durante essa prática, pode ser soporífera, produzindo sono. Já a atenção concentrada leva para todas as células do corpo uma sensação nítida de vida divina.

Se for possível, pratique a técnica mais demoradamente – na verdade, pelo tempo que quiser. Eu mesmo, quando criança, praticava-a por sete horas de cada vez, conseguindo com isso um estado profundo de transe sem respirar. Usufrua da grande serenidade que sente durante e depois da prática, pelo máximo de tempo possível. Aplique-a às situações do cotidiano, ao lidar com pessoas, estudar, trabalhar, pensar. E use-a para aperfeiçoar o autocontrole, quando estiver tentando se livrar de um hábito mental ou emocional arraigado e nocivo. Sempre que uma situação o exigir, evoque a calma que sentiu durante e depois da prática do exercício; e, revivendo esse estado, enfrente o problema a partir do centro interior de serenidade, pois sua intuição anímica natural lhe garantirá os melhores resultados possíveis. Lembre-se: uma intensa concentração é necessária para a prática correta dessa técnica, mas sem esforço excessivo. Faça tudo com calma, descontraído – e mesmo com uma atitude de reverência –, procurando sentir, nesse estado de serenidade, que está prestes a ouvir a Vibração Cósmica, AUM, e a fundir-se com ela. *Hong Sau* o ajudará a se aproximar do Grande Espírito, que já está presente em você como sua alma e se expressa sob a forma de vibração, a causa desse som interior. Os resultados virão sem nenhuma dúvida e você gozará da mais completa serenidade. Intuições superiores lhe ocorrerão depois de uma prática prolongada e você se sentirá em contato com um reservatório inexplorado de poder divino.

Não seja impaciente. Persista. Incorpore essa prática à sua rotina diária, dando-lhe o mesmo valor que aos atos de comer, escovar os dentes, tomar banho ou dormir. Sua constituição física e mental fruirá efeitos extremamente benéficos.

Como em tudo o mais, os melhores resultados não podem ser obtidos em um dia ou mesmo em alguns dias. Pratique! Pratique a técnica e direcione para suas necessidades diárias a serenidade que ela produz. Lembre-se ainda de que falo por experiência – não apenas a minha, mas a acumulada durante séculos por grandes yogues em meu país. Você também pode ter a mesma experiência gloriosa deles, bastando que persista em sua prática.

Ponto final e importante: onde se concentrar?

Onde você deve concentrar sua atenção ao praticar essa técnica? Sim, na respiração – mas *em que parte* do corpo?

A atenção se voltará primeiro para as pulsações dos pulmões e do diafragma. Concentre-se então, para começar, nesse movimento físico. Aos poucos, à medida que a mente for serenando, desvie a atenção do corpo para a respiração em si. Procure sentir o ar entrando no corpo pelas narinas. Quando estiver ainda mais calmo, tente perceber onde, nas narinas, o fluxo é mais forte. A princípio será na parte externa das narinas, mas, com o aprofundamento da concentração, será dentro do nariz. Mas em que ponto? Na parte superior? Nos lados? Na base? Isso pode ajudá-lo, inclusive, a perceber com mais clareza seu próprio estado mental. Na parte superior, o fluxo talvez indique uma percepção mais apurada. Na base, um fluxo descendente de energia na espinha. Na parte externa, o fluxo pode denunciar uma certa tendência a reagir emocionalmente. Mais para o centro das narinas, uma tendência ao recolhimento. Quando estiver bem calmo, sinta o ar penetrando na cabeça pelo ponto entre as sobrancelhas – a verdadeira sede da concentração no corpo.

A origem da respiração está no corpo astral. A inspiração astral corresponde a um movimento ascendente pelo canal nervoso conhecido nos ensinamentos do yoga como *ida*. A expiração astral corresponde a um movimento descendente pelo canal nervoso *pingala*. Esses canais lembram os dois pequenos nervos que, nos peixes, correm ao longo da espinha.

O fluxo ascendente de energia pelo *ida* acompanha a inspiração física. E o fluxo descendente pelo *pingala* acompanha a expiração física. A respiração astral é constituída por esse movimento de energia para cima e para baixo. Integra o processo de reação: quando o fluxo de energia para cima é mais forte, ocorre uma reação positiva e o mesmo é verdadeiro em se tratando de uma inspiração física deliberada. Quando o movimento para baixo prevalece (ou quando a expiração física é mais forte que a inspiração), traduz-se num suspiro e indica um sentimento de rejeição. Quando a inspiração é mais longa que a expiração, temos uma reação positiva – e mesmo de excitação. Quando a expiração é mais longa, a pessoa se recolhe em si mesma. Durante o sono, a expiração é duas vezes mais longa que a inspiração. Se ambas duram o mesmo tempo, o equilíbrio interior prevalece.

೧೫

Não desperdice a percepção da presença de Deus, adquirida ao meditar, com tagarelice inútil. Palavras vãs são como projéteis: furam o balde de leite da paz. Perdendo tempo com conversa fiada e risos levianos, você acabará descobrindo que não tem mais nada por dentro. Encha o balde de sua consciência com o leite da paz meditativa – e mantenha-o cheio até as bordas. Pilhérias são alegria falsa. Risos em excesso perfuram a mente e deixam que a paz se derrame e se desperdice.

೧೫

A intuição é a faculdade da alma que percebe, direta e imediatamente, a verdade sobre as coisas. Sem o poder da intuição, ninguém logra conhecer a Verdade. Intuição significa "percepção da alma": é a força cognitiva da alma, que não precisa da ajuda dos sentidos nem da mente. Ela pode lhe dar um conhecimento das coisas que seus sentidos e compreensão jamais lhe dariam.

Muitos livros e disciplinas são prescritos aos alunos nas escolas, mas nada se ensina ali sobre concentração e desenvolvimento do sexto sentido, a faculdade onisciente da intuição. Em geral, as pessoas cometem equívocos em quase tudo, da saúde e dos negócios à filosofia e à religião. Milhares fazem investimentos absurdos e seguem caminhos errados porque suas mentes não são guiadas cientificamente pela intuição.

Aprimorando a intuição, podemos superar a lei de causa e efeito em nossa própria vida. A intuição sintoniza o rádio mental para que ele intercepte todas as vibrações de acontecimentos futuros, as quais, de outro modo, seriam desviadas por outras ondas.

A razão pura e o sentimento calmo conduzem à intuição. Portanto, o primeiro requisito em seu desenvolvimento é raciocinar com calma e, com calma, sentir tudo. A intuição se aprimora pelo exercício do senso comum, pela introspecção e a análise diárias, pela profundidade de pensamento e a atividade contínua, serena, numa direção única – mas, acima de tudo, pelo cultivo dos efeitos calmantes da meditação.

Se você conseguir mergulhar num estado perfeito de serenidade na concentração e na meditação, será capaz de resolver os problemas mais difíceis. Se se apegar à calma que sobrevém após a meditação, estará no caminho certo. A intuição guia a razão. Depois de aperfeiçoar a intuição, permanecerá firme em seu conhecimento, ainda que o universo inteiro se erga para derrotá-lo. Sempre que quiser solucionar um problema intuitivamente, entre primeiro em meditação profunda ou no silêncio. Não pense no problema enquanto meditar, mas medite até preencher com uma sensação de calma todos os recessos do seu corpo, quando então sua respiração se tornará pausada e silenciosa. Em seguida, peça a Deus que oriente sua intuição para ficar sabendo o que precisa fazer.

Num primeiro momento, procure a verdade sobre problemas simples; depois, quando a intuição estiver trabalhando de maneira infalível, use-a na busca de soluções para problemas mais graves. Suponha, por exemplo, que receba duas propostas num assunto de negócios; ambas são boas, mas você precisa escolher só uma: decida então recorrendo a seu senso intuitivo, pois assim decidirá acertadamente. Os super-homens sempre usam a intuição em tudo o que fazem e, desse modo, realizam o que parece impossível.

Você que está lendo, eu que estou escrevendo e os dois bilhões de pessoas que hoje labutam no mundo[*] só existiremos daqui a cem anos como pensamentos. Grandes e pequenos, estaremos sepultados sob a relva ou consumidos pelas chamas vorazes da cremação. Nós, tão seguros de nosso café da manhã, almoço e jantar, não mais poderemos engolir nem falar. Nossos lábios estarão selados para sempre.

Se todas as almas terão de despir o frágil invólucro da carne para poder irradiar a luz da imortalidade, por que chorar? Se os santos que acreditam na vida eterna e os homens insignificantes que tremem à ideia de se extinguir deverão morrer, por que ter medo da morte? Essa é uma experiência universal, pela qual todos iremos passar.

De que vale malbaratar o tesouro de nossa sabedoria tentando dar conforto a este invólucro incerto e mortal? Acorde! Procure colher a safra da existência eterna e da bênção sempre nova no solo perecível do corpo. Você nunca tirará consolo duradouro de um corpo que vai decaindo aos poucos. Você nunca extrairá o mel da felicidade divina da rocha dos prazeres sensuais.

---

[*] Escrito em 1934.

O consolo duradouro flui incessantemente no balde de sua vida quando você espreme os favos da meditação e da paz com as mãos corajosas e fortes da vontade, com a concentração cada vez mais profunda.

Não estou dizendo que você deva ser cínico ou ignorar os prazeres da vida. Estou sugerindo apenas que não se apegue tanto a alguma coisa de cuja separação forçosa só colherá intenso sofrimento mental. Se não sentir falta de coisas terrenas quando seu invólucro carnal for lançado fora, então terá coisas melhores no além. Receberá de novo, das mãos do Pai, Deus, tudo aquilo de que gostava e que perdeu. Ele nos tira coisas para que não fiquemos demasiadamente presos à Terra, esquecendo nossa verdadeira condição imortal.

Adquira o poder da meditação, bem como os tesouros da percepção intuitiva, da paz e da felicidade sempre novas: isso lhe será de grande valia em sua derradeira jornada. Esqueça as ilusões do presente. Prepare-se para a morte aproximando-se de Deus todas as horas. Ao fim da vereda, pelos portais do último dia, será acolhido no Reino do Pai e lá permanecerá para todo o sempre.

ⓔⓧⓢ

CAPÍTULO 8

Sua natureza divina onipotente

O leão que se transformou em carneiro

Uma leoa, pesada por causa do filhote que trazia no ventre, ia enfraquecendo por falta de alimento. À medida que o filhote crescia dentro dela, a leoa ficava cada vez menos capaz de se mover com rapidez para caçar uma presa. Rosnando de angústia e fome, a cada dia mais pesada, ela adormeceu na orla da floresta, perto de uma campina. Sonhou então com um rebanho de carneiros que pastava por ali. Mas, quando atacou um deles, acordou. Com surpresa e grande alegria, descobriu então que o sonho era verdadeiro: realmente, um grande rebanho de carneiros estava pastando nas imediações.

Esquecendo o peso em seu ventre e impelida pela loucura da fome, a leoa caiu sobre um dos cordeiros e arrastou-o para as profundezas da floresta. Não percebeu que, em consequência do esforço para agarrar o cordeiro, parira o filhote.

O rebanho ficou tão paralisado de medo diante do ataque da leoa que não conseguiu fugir. Só quando ela se foi e tudo se acalmou é que os carneiros acordaram de seu estupor. E já começavam a lamentar a perda do companheiro quando, para espanto geral, descobriram o leãozinho desamparado balbuciando no meio deles. Uma das ovelhas, que era mãe, apiedou-se do filhote e adotou-o como se fosse seu.

O filhote cresceu no meio dos carneiros. Vários anos se passaram e eis que, com o rebanho, vagava agora um formidável leão de longa cauda e juba, comportando-se exatamente como um carneiro. O leão-carneiro balia em vez de rugir, alimentava-se de grama e não de carne. Em suma, agia exatamente como um cordeiro.

Um dia, outro leão saiu da floresta vizinha para a campina e avistou, com enorme deleite, o rebanho de carneiros. Cheio de alegria e fustigado pela fome, o poderoso recém-chegado pôs-se no encalço dos carneiros espavoridos quando, espantado, percebeu um grande leão, de cauda espetada no ar, correndo mais que qualquer outro na frente do rebanho.

O leão mais velho parou por um instante, coçou a cabeça e ponderou: "Posso entender os carneiros fugindo de mim, mas não consigo imaginar por que um leão tão grande correria ao ver-me. Esse fujão me interessa." Ignorando a fome, correu ainda mais e conseguiu alcançar o fugitivo. O leão-carneiro desmaiou de pavor. O recém-chegado estava mais perplexo que nunca e deu-lhe patadas para despertá-lo. Com voz grave, censurou-o: "Que há com você? Por que, sendo meu irmão, foge de mim?"

O leão-carneiro fechou os olhos e baliu na língua dos carneiros: "Por favor, deixe-me ir. Não me mate. Sou apenas um cordeiro criado naquele rebanho."

"Ah, agora percebo por que você está balindo!", disse o leão. E, depois de refletir mais um pouco, uma grande ideia fulgurou em sua cabeça. Aferrou o leão-carneiro pela juba com suas poderosas garras e levou-o até um lago, na orla da campina. Lá chegando, curvou-lhe a cabeça de modo que se refletisse nas águas. Sacudiu com força o leão-carneiro, ainda de olhos fechados, gritando: "Abra os olhos! Olhe! Você não é um carneiro!"

"Béé-béé-béé! Por favor, não me mate. Deixe-me ir. Não sou leão, sou apenas um cordeirinho indefeso", gemeu o pobre-diabo.

O grande leão sacudiu-o ainda mais violentamente. Por fim o coitado abriu os olhos e espantou-se ao ver que o reflexo de sua cabeça não era o reflexo que esperava, mas o da cabeça de um leão como aquele monstro que o sacudia com as patas. Então o grande leão disse: "Olhe para a minha cara e para a sua, refletidas na água. São iguais. A minha está rugindo. Então! Você deve rugir também e não balir."

O leão-carneiro, enfim convencido, tentou rugir, mas só o que emitia eram uns rosnados de mistura com balidos. O mais velho continuou a exortá-lo a patadas até que ele finalmente conseguiu rugir. Então os dois atravessaram correndo a campina e voltaram para o meio dos leões.

Essa história ilustra bem por que muitos de nós, embora feitos à imagem onipotente do Leão Divino do Universo, nascemos e fomos criados no redil da fraqueza mortal. Balimos com medo, carência e morte em vez de rugir com imortalidade e poder, caçando a sabedoria e a prosperidade sem limites.

Esses ensinamentos são o leão recém-chegado que o arrastará para a margem do lago cristalino da meditação e o sacudirá com tamanha força que você abrirá os olhos há muito fechados de sua sabedoria e se verá como o Leão da Divindade, feito à imagem e semelhança do Leão Cósmico. Quem luta incessantemente na vida esquecerá seus medos mortais de fraqueza, fracasso e morte para aprender a rugir com a força da imortalidade onipotente.

ೞ

Dotado de livre-arbítrio, sou na realidade o filho de Deus. Sonhei que era um homem mortal. Agora estou desperto. O sonho de minha alma enclausurada na prisão do meu corpo se desvaneceu. Sou tudo aquilo que meu Pai Celestial é.

ೞ

A pessoa que encontra Deus possui o universo e tudo aquilo que nele está contido. Jesus sabia que era um só com o Pai. Por isso, fazia coisas que outros mortais não podiam fazer. Empregue, pois, seu tempo em meditação diária, cada vez mais longa e profunda, que é a maneira mais rápida de se tornar semelhante ao Cristo. Esforçar-se para entrar em contato com Deus na meditação é alegria pura. Você será feliz quando meditar e mais feliz ainda quando chegar ao fim da jornada da meditação e conhecer Deus, o Rei da felicidade sempre renovada.

Quando Jesus disse: "As raposas têm tocas e as aves do céu têm ninhos, mas o Filho do Homem não tem onde pousar a cabeça", não estava alardeando sua pobreza, mas dizendo que era o dono do universo por não permanecer preso a um local, como fazem as criaturas terrenas. Ele disse também: "Os homens buscam pão [pessoas materialistas, de vistas curtas], mas vós deveis buscar primeiro o reino de Deus [o universo inteiro] porque, assim, todas essas coisas [prosperidade, sabedoria, felicidade] vos serão acrescentadas [sem que precisem pedir]."

Este mundo é um lugar de diversão, uma casa de prazeres para imortais. Porque esquecemos isso e nos identificamos com o jogo terreno, sofremos. Devemos nos lembrar de que nossa verdadeira morada é a imortalidade imutável, sempre nova, abençoada e onipresente. Somos para sempre filhos de Deus, os bons e os maus;

mas, quando nos esquecemos de que nosso lar é o reino de Deus e nos misturamos ao espetáculo do mundo, mergulhamos na aflição. Temos de aprender que somos imortais, feitos à imagem sagrada de Deus.

De uma coisa você nunca se cansará, nem nesta vida nem na eternidade: a alegria renovada que brota do contato com Deus. Uma alegria que é sempre a mesma pode causar tédio, mas uma alegria que é sempre nova não tem fim. E essa alegria você só encontrará na meditação profunda.

೧೦

Alimentar o desejo do luxo é o caminho mais seguro para a desgraça. Não seja escravo de coisas ou posses; elimine até suas "necessidades". Empregue o tempo na busca da felicidade duradoura ou bem-aventurança. A alma imortal e imutável está por trás da cortina de sua consciência, onde foram pintados o fracasso, a doença e a morte. Erga o véu da mudança ilusória e assuma sua natureza imortal. Entronize sua consciência volúvel na imutabilidade e serenidade que traz dentro de si e que são o trono de Deus, deixando que sua alma manifeste bem-aventurança dia e noite.

A natureza da alma é bem-aventurança – um estado interior perene de alegria sempre nova, incessante, que eternamente nos domina até mesmo quando passamos pelas provas do sofrimento físico e da morte. Não desejar não é negar; é obter o autocontrole de que necessitamos para recuperar a herança eterna de realização plena dentro da alma. Primeiro, pela meditação, dê à alma a oportunidade de manifestar esse estado e depois, permanecendo sempre nele, cumpra seus deveres para com o corpo, a mente e o mundo. Você não precisa renunciar às suas ambições e ser negativo; ao contrário, permita que a alegria duradoura, sua verdadeira natureza, o ajude a concretizar seus sonhos mais elevados. Usufrua de experiências dignas com a alegria de Deus. Cumpra seus nobres deveres com júbilo divino.

෴

Somos todos deuses, basta que nos conscientizemos disso. Por trás da onda de sua consciência está o mar da presença de Deus. Olhe para dentro. Não olhe para a pequena onda do corpo com suas fraquezas, olhe para além dela. Feche os olhos e verá a vasta onipresença diante de você, não importa para onde se volte. Você se encontra no centro dessa grande esfera e perceberá que ela está repleta da enorme bem-aventurança que ilumina as estrelas, que dá força aos ventos e às tempestades. Deus é a fonte de todas as nossas alegrias e de todas as manifestações da natureza.

Não é necessário merecer Deus. "Buscai primeiro o reino de Deus e todas essas coisas vos serão acrescentadas. Não sejais incrédulos". Desperte das trevas da ignorância. Desperte e contemplará a glória de Deus – o vasto panorama da luz divina espalhando-se por sobre todas as coisas. Aconselho-o a ser um realista divino, pois assim encontrará respostas para todas as perguntas em Deus.

Meditar é o único caminho. Crenças e leituras não podem lhe garantir conhecimento. Somente meditando da maneira correta você aprende e conquista a felicidade. Se praticar a meditação, saberá que Deus não se deixa levar por preces cegas e lisonja, mas *pode* ser persuadido pela lei, pela devoção e pelo amor.

Renda-se a Deus. Reivindique seu Divino Direito Inato. Sua prece constante, sua determinação inabalável e seu desejo firme de Deus farão com que Ele rompa o silêncio para responder-lhe. Dará a você o dom de Si mesmo, que persistirá para além dos umbrais da morte.

Quando você assiste a um filme baseado numa peça que já viu, o filme se torna tedioso. É bom que não entenda esta vida, pois Deus está fazendo um filme com ela: se você souber o que vai acontecer, perderá o interesse. Não se preocupe com o final, mas ore sempre a Deus: "Ensina-me a desempenhar meu papel no drama da vida – forte ou fraco, doente ou saudável, rico ou pobre – com uma postura de eternidade para que, no fim, eu possa conhecer a moral da história."

Não desperdicemos nosso tempo. Somos a suprema criação de Deus. Pensar é uma bênção para nós. Deus diz: "Eu vos dei vontade, liberdade e livre-arbítrio. Talvez renuncieis a todas as coisas para Me amar, a Mim que vos aquinhoei com esses dons."

Descobri que os regatos prateados do meu desejo levavam ao grande Oceano da Consciência. Se você continuar cultivando o bem na vida, descerá pelo rio do desejo até o oceano da consciência de Deus. Todas as realidades materiais que o desafiam carecem de substância. Hoje somos, amanhã deixaremos de ser – porém, não esqueçamos nunca nossas obrigações maiores para com o grande Poder que está por trás de nossas vidas. Interpretando o drama da vida, lembremo-nos sempre do nosso dever supremo para com Ele.

Se você quiser entender esta vida, contemple a delicada obra que Ele faz nas flores, a chama de Sua mente fulgindo em nossos pensamentos, as ideias que brotam de nossas almas e a multiplicidade de mundos que povoam a vastidão do universo. Esse Deus é imenso – e, no entanto, podemos senti-Lo em nossa consciência! Somos um reflexo do Espírito. Vida nenhuma existiria sem o oceano de vida por trás dela; devemos nos conscientizar desse grande oceano de vida pulsando por trás da vida de cada um de nós.

ര്ത

O hábito de nos vermos como simples corpos no teatrinho do mundo deve ser substituído pelo hábito de Deus. Os hábitos humanos evocam a felicidade pequena e irreal do nome, da fama, das posses risivelmente insignificantes. Seja dono do universo, pois o universo inteiro lhe pertence, ó Príncipe de Todos os Bens! Esqueça os tugúrios do ego mendicante, ó Imagem Principesca de Deus! Não importa quanto tempo você perdeu ou perderá ainda identificando-se com a matéria. Todas as eras passadas nada são em confronto com a eternidade que se estende diante de nós e que passaremos no regaço de Deus, na posse plena e consciente de toda a Sua Glória. Não importa por quanto tempo esteve errante, afastado de Deus, você pode agora esquecer os tugúrios já sem atrativo do ego e reclamar seu reino de bem--aventurança divina na eternidade.

Os curtos séculos dos anos humanos são apenas dias, ou melhor, horas na consciência de Deus. Desperte do sonho da insignificância para a percepção da imensidão que há dentro de você. Você sonha que é uma abelha zumbindo em volta do mel envenenado das flores dos atrativos sensuais. Venha! Eu lhe mostrarei, caro amigo, que os favos de Deus estão em toda parte. Beba--os por meio de nobres experiências.

Não nutra mais seus hábitos humanos com ações humanas ilusórias. Deixe que sucumbam aos poucos por falta do alimento da atividade. Venha! Medite diariamente, com sinceridade e devoção. Ame a Deus sem cessar. Possa assim sua natureza onipresente reviver em sua consciência, expelindo dela crenças e hábitos humanos limitados pelo corpo e os sentidos.

Beba o néctar do amor de Deus em todos os corações. Use cada coração como sua própria taça pela qual sorverá a fresca ambrosia do amor divino. Não beba esse amor por um único coração, mas, livremente, por todos os corações.

Aprenda a amar a Deus como a alegria sentida durante a meditação. A vitória está bem próxima. Escolha apenas os bons caminhos antes de iniciar a corrida para a realização. Pense em Deus como ponto de partida na senda de seus deveres materiais ou espirituais. Pense em Deus a cada passo dado, cuidadosa e alegremente, na larga estrada da realização. Peça a Deus que esteja a seu lado quando, por vontade própria, praticar uma boa ação. Pense em Deus antes de ingerir os alimentos que sustentam o corpo; pense em Deus enquanto os estiver ingerindo; pense em Deus depois de ingeri-los.

Quando você age no mundo esquecendo-se de Deus, desloca seu centro de Deus para a matéria. A natureza material o mergulhará no torvelinho da mudança e o acabrunhará de dores e preocupações. Volte à sua verdadeira natureza. Mude seu centro dos desejos materiais para o desejo de Deus. Lembre-se sempre Dele como paz e bem-aventurança em seu coração. Peça-Lhe que transforme em altares sagrados sua paz, silêncio, alegria e meditação, para que ali sua alma possa encontrá-Lo e comungar com Ele. Ore assim: "Que minha compreensão seja o templo de Tua orientação!"

Invoque Deus como poder no templo da consciência ao longo do dia. Que cada ação e cada palavra sua sejam bafejadas pela inspiração divina. Fale e aja sabiamente, como alguém que bebeu muito, mas continua lúcido. Embriague-se de Deus e faça de cada ação em seu cotidiano um templo dedicado ao Pai. Execute cada ato para agradá-Lo e, no santuário indestrutível de sua devoção, Ele ouvirá todos os seus pensamentos.

Encerre o amor de Deus bem fundo no coração antes de adormecer. Embale-o ali para que, ao sonhar, sonhe com ele repousando no altar perfumado do sono. De fato, Deus nos aconchega ao Seu regaço de paz e alegria quando dormimos. Nós dormimos em Seus braços acolhedores.

Assim, antes de adormecer, lembre-se de que você irá abraçar Deus no sono e nos sonhos.

Quando estiver dormindo ou meditando profundamente, sinta Deus envolvendo-o como Bem-Aventurança Onipresente. Com Seu toque abençoado, Ele quer que você esqueça suas lembranças mesquinhas e penosas, suas dores físicas e mentais, suas agonias espirituais, que você armazenou durante uma residência ociosa nos casebres da matéria.

Entronize a paz e a alegria no coração. Sinta-se feliz em tudo o que fizer. Assim, ainda que o universo se dissolva no nada ou seu corpo seja torturado pelas provações, você O vislumbrará dançando em sua memória para sempre. Permita que a alegria pura dance em sua memória e Deus dançará com você.

Apegue-se com todas as forças ao seu tesouro espiritual de alegria que estava perdido. Agora que ele foi recuperado, aumente-o dividindo-o com os outros. Lembre-se: tudo quanto conservamos egoisticamente só para nós é perdido; tudo quanto doamos de boa vontade e por amor aos nossos semelhantes proporciona uma colheita cada vez mais abundante de felicidade. As preocupações e o egoísmo são salteadores nas estradas da vida, que nos despojam de nossa alegria e paz. Insista, pois, em cultivar a alegria ainda que sua mente lhe diga: "Tudo está perdido." Dilua os ruídos confusos na harmonia doce e silenciosa de sua alegria perfeita, inabalável.

Deposite a alegria no santuário de suas aspirações, atos e pensamentos nobres. Então sentirá Deus como alegria governando o império de sua alma, tocando com o cetro divino o altar imaculado de seus sonhos para transformar cada pensamento, sentimento e lembrança numa flor aberta.

Não se esqueça disto, caro amigo: com Seu véu de sono e paz, a Mãe Divina expulsa as dores sombrias de seus filhos abismados na ignorância. Corra então para seus sonhos como a criança para os braços da mãe. O amor divino permeará todas as suas lembranças de encarnações passadas e seus pensamentos presentes. Você perceberá então que o mal e o sofrimento não passavam de criações ilusórias de seus sonhos. Você dormiu e teve um pesadelo; depois acordou em Deus e agora só vê o bem e a alegria em toda parte.

Quando a divina lembrança da alegria perene se manifestar no Dia da Ressurreição e sua alma recuperar a herança que lhe pertence, você esquecerá para sempre os pesadelos que criou e contemplará com olhos límpidos a beleza perfeita e a bondade existentes por toda parte – pois Deus está em todos os lugares.

Então fará a única oração que eu mesmo faço: "Pai Celestial, que Teu amor brilhe eternamente no santuário de minha devoção. Que minha reverência por Ti queime sempre no altar de minha memória e possa eu amar extremosamente, em Teu nome, o templo de todos os corações."

Ananda Sangha

A Ananda Sangha é uma irmandade de almas dedicadas aos ensinamentos de Paramhansa Yogananda. Preceitua a aquisição de uma consciência mais elevada por intermédio da prática da meditação e do ideal de auxílio ao próximo em sua busca de autoconhecimento. Cerca de dez mil interessados nas coisas do espírito são membros da Ananda Sangha em todo o mundo.

Fundada em 1968 por Swami Kriyananda, discípulo direto de Paramhansa Yogananda, a Ananda conta com sete comunidades nos Estados Unidos, Europa e Índia. No mundo inteiro, aproximadamente mil devotos vivem nesses centros espirituais, que seguem os ideais de "vida simples e pensamento elevado", de Yogananda.

Swami Kriyananda morou com seu guru durante os últimos quatro anos da vida do Mestre e continuou servindo sua organização por mais dez. Ministrou as lições do Kriya Yoga de Autoconhecimento a ouvintes nos Estados Unidos, Europa, Austrália e, de 1958 a 1962, na Índia. Em 1968, junto com um pequeno grupo de amigos íntimos e discípulos, fundou a primeira "irmandade mundial" ao pé da Sierra Nevada, nordeste da Califórnia. Inicialmente um centro de retiro e meditação localizado em 67 acres de terra coberta de florestas, a Ananda World-Brotherhood Community cobre hoje 1.000 acres, onde cerca de 250 pessoas vivem uma vida dinâmica, baseada nos princípios e práticas da evolução espiritual, mental e física, solidariedade, respeito e amizade divina.

No momento da publicação deste livro, após quarenta anos de existência, a Ananda é uma das redes de comunidades internacionais mais bem-sucedidas do mundo. Comunidades urbanas foram fundadas em Palo Alto e Sacramento, Califórnia; Portland, Oregon; e Seattle, Washington. Na Europa, perto de Assis, Itália, uma comunidade/retiro espiritual fundada em 1983 acolhe hoje cerca de cem residentes de oito países.

Informações:
endereço: 14618 Tyler Foote Road
Nevada City, CA 95959
telefone: 530.478.7560
site: www.ananda.org
e-mail: sanghainfo@ananda.org

The Expanding Light

A Expanding Light, retiro para convidados sem fins lucrativos da Ananda, é visitada por mais de duas mil pessoas anualmente. Oferecemos uma série variada, o ano todo, de aulas e seminários sobre yoga, meditação, práticas espirituais, treinamento de mestres em meditação e yoga, e retiros para renovação pessoal. A Expanding Light acolhe de braços abertos interessados de todas as formações. Aqui você encontrará um clima amigável e hospitaleiro, perfeito para a evolução pessoal e a renovação espiritual.

Tudo fizemos para criar um ambiente descontraído e estimulante, onde as pessoas pudessem explorar seu potencial de crescimento espiritual. Adotamos as práticas de meditação não sectárias e a filosofia yogue de

Paramhansa Yogananda e de seu discípulo direto, Swami Kriyananda, fundador da Ananda. Yogananda chamou seu método de "Autoconhecimento" e nosso alvo é ajudar os convidados a sintonizar-se com seu Eu superior. Os convidados da Expanding Light podem aprender as quatro práticas que compreendem os ensinamentos do Kriya Yoga de Yogananda: os Exercícios de Energização, a técnica de concentração *Hong Sau*, a técnica AUM e o Kriya Yoga. As duas primeiras técnicas estão disponíveis para todos os convidados; as duas últimas, para aqueles que quiserem se aprofundar nesse caminho.

Informações
endereço: 14618 Tyler Foote Road
Nevada City, CA 95959
telefone: 800.346.5350
site: www.expandinglight.org
e-mail: info@expandinglight.org